做自己的法律顾问

是俊 著

浙江教育出版社·杭州

图书在版编目（CIP）数据

做自己的法律顾问 / 是俊著. — 杭州：浙江教育出版社，2023.6
ISBN 978-7-5722-5686-8

Ⅰ．①做… Ⅱ．①是… Ⅲ．①法律－中国－普及读物 Ⅳ．① D920.5

中国国家版本馆 CIP 数据核字（2023）第 067238 号

做自己的法律顾问
ZUO ZIJI DE FALÜ GUWEN

是俊　著

责任编辑：赵清刚
美术编辑：韩　波
责任校对：马立改
责任印务：时小娟
出版发行：浙江教育出版社
（杭州市天目山路 40 号　电话：0571-85170300-80928）
印　　刷：河北鹏润印刷有限公司
开　　本：880mm×1230mm 1/32
成品尺寸：145mm×210mm
印　　张：11.5
字　　数：237 000
版　　次：2023 年 6 月第 1 版
印　　次：2023 年 6 月第 1 次印刷
标准书号：ISBN 978-7-5722-5686-8
定　　价：59.80 元

如发现印装质量问题，影响阅读，请与出版社联系调换。

目 录

第一篇
经营好婚姻，更要保护好自己

1. 胁迫结婚可以撤销婚姻吗？　　　　　　　　　　002
2. 近亲属结婚是无效婚姻吗？　　　　　　　　　　006
3. 现在还有事实婚姻吗？　　　　　　　　　　　　010
4. 分居满三年就自动离婚了吗？　　　　　　　　　013
5. 同居后未婚先孕，孩子谁来抚养？　　　　　　　023
6. 婚内出轨要支付过错损害赔偿金吗？　　　　　　027
7. 未登记结婚，可以要求返还彩礼吗？　　　　　　031
8. 第二次起诉离婚会判离吗？　　　　　　　　　　035
9. 父母出资购置房屋视为个人赠与还是对双方的赠与？　039
10. 关于子女抚养权、抚养费和探望权的规定　　　　043
11. 夫妻共同债务要共债共签吗？　　　　　　　　　051
12. 丈夫给小三买的房和车，原配能要回来吗？　　　054
13. 一方悔婚，另一方的彩礼能全退吗？　　　　　　057
14. 谁先提离婚，谁就吃亏吗？　　　　　　　　　　060

● 第二篇
  保护好自己的财产

1. 不要轻易借钱给别人　　　　　　　　　　　064
2. 不要轻易给别人担保　　　　　　　　　　　068
3. 不要随便签字　　　　　　　　　　　　　　072
4. 拖欠货款，什么证据最好用？　　　　　　　074

● 第三篇
  抵押、借款、民间借贷要慎重

1. 抵押借款，这样出借才能保护自己　　　　　078
2. 恋爱分手，之前写的欠条有用吗？　　　　　082
3. 男女恋爱期间一方给另一方的钱能要回来吗？　086
4. 个人合伙为什么难处理？　　　　　　　　　090
5. 借款时写借条还是欠条？借条和欠条有什么区别？　094
6. 砍头息是什么？利息可以预先从本金当中扣除吗？　098
7. 只有借条没有转账记录，怎么办？　　　　　100
8. 如何鉴别网贷平台发送的法院传票、律师函、公安立案
   通知书的真伪？　　　　　　　　　　　　　106
9. 赌债合法吗？欠了赌债是否要还？　　　　　108
10. 信用卡透支不还，不一定构成信用卡诈骗罪　110

11. 刚买的二手房还没过户就被查封了该怎么办?　　112

第四篇
保护好自己的劳动权

1. 公司可以强制调岗吗?　　118
2. 员工开车出事故,用人单位需要担责吗?　　123
3. 发生工伤,我们该怎么办?　　127
4. 走工伤认定程序一定能多拿赔偿吗?　　129
5. 用微信加班死亡算工伤吗?　　133
6. 公司给你的文件千万别乱签　　137
7. 自愿放弃社保承诺书有效吗?　　142
8. 农民工如何索要拖欠工资?　　147
9. 入职后,一直没与单位签劳动合同怎么办?　　152
10. 入职多年,单位一直没给缴纳社保怎么办?　　156
11. 劳动合同期限为1年,试用期可以签6个月吗?　　160
12. 法定节假日加班,怎么算三倍工资?　　162
13. 单位能收取劳动者押金、扣身份证吗?　　164
14. 超过60岁还有误工费吗?　　166

● 第五篇
关于继承权，你一定要知道的

1. 独生子不能继承父母的全部房产？　　　　　　　172
2. 立多份遗嘱，以哪份遗嘱为准？　　　　　　　　176
3. 打印遗嘱有法律效力吗？　　　　　　　　　　　179
4. 夫妻俩打拼的财产，最后却被丈夫的妹妹分走一部分　182
5. 寡妇能继承公婆的遗产吗？　　　　　　　　　　185
6. 爷爷立遗嘱把房子给孙子，孙子为什么没取得房产所有权？　188
7. 侄子能继承单身叔叔的遗产吗？　　　　　　　　191
8. 未出生的胎儿有继承权吗？　　　　　　　　　　193
9. 老人与保姆签的遗赠扶养协议有效吗？　　　　　196

● 第六篇
遇到交通事故，千万别慌

1. 本来无责任，却因逃逸担全责　　　　　　　　　200
2. 好意让搭车却发生事故，能否减轻赔偿责任？　　203
3. 交强险、商业险"次日零时生效"条款有效吗？　　206
4. 发生交通事故，赔偿项目有哪些，谁来赔偿？　　210
5. 交通事故致车辆贬值到底赔不赔？　　　　　　　215

第七篇
当你的人身权遭到侵害时

1. 被隐私视频威胁、骚扰，如何维权？　　220
2. 职场不当言语也可构成性骚扰　　223
3. 孩子出生能跟母亲姓吗？孩子的姓名可以更改吗？　　226
4. 随意拍摄他人吵架视频上传到网络，侵犯肖像权吗？　　230
5. 乘坐扶梯被偷拍，要求删除却遭拒绝怎么办？　　234
6. 个人信息受法律保护，非必要不公开、不提供　　237

第八篇
你应该知道的物权常识

1. 没有预售证的房子能买吗？　　244
2. "小产权房"能买吗？　　248
3. 买房子定金与订金的区别　　252
4. 不交物业费，物业公司能停水停电吗？　　257
5. 业主在小区内停车，物业有权收费吗？　　261
6. 买房合同里不要少了这句话　　264
7. 房子70年产权到期后该怎么办？　　268
8. 房产证加上孩子的名字有什么好处？　　272
9. 买二手房，对方拒迁户口怎么办？　　276

● 第九篇
当你发生人身损害的时候

1. 七旬老人在游泳馆摔伤，游泳馆担责吗？　　280
2. 孩子在学校受到伤害，谁来担责？　　283
3. 初中生打架斗殴受伤，谁来赔偿？　　286
4. 患者被告知癌症晚期而自杀，医院担责吗？　　290
5. 剖宫产生子，产妇体内竟遗留纱布，医院如何赔偿？　　292
6. 宠物将邻居咬伤，如何赔偿？　　294
7. 高空抛物、坠物致人受伤，谁来担责？　　297
8. 拳击比赛导致手部骨折，对手要赔偿吗？　　301

● 第十篇
你应该警惕的其他骗术

1. 手工活兼职是诈骗？　　304
2. 开服装店进货会被骗？　　309
3. 这样存款会被骗　　312
4. 网上投资平台靠谱吗？　　315
5. 为什么不能给别人当名义法定代表人？　　318
6. 帮人注册营业执照违法吗？　　322

附 录

30 条法律小提示   326

法律文书模板   331

  1. 无财产、无债务、无子女的离婚协议   331

  2. 有财产、有债务、有子女、有离婚经济补偿、有离婚经济帮助、有离婚损害赔偿等较复杂的离婚协议   333

  3. 离婚起诉书   342

  4. 财产保全申请书   345

  5. 借 条   348

  6. 补签借条   350

  7. 欠 条   352

  8. 房屋租赁合同   354

第一篇

经营好婚姻，
更要保护好自己

1. 胁迫结婚可以撤销婚姻吗？

丽丽和小陈通过网络相识，两人相谈甚欢，于是约定好时间、地点见面，第一次约会便确认了恋爱关系。谈了几个月，小陈发现，丽丽脾气暴躁，经常因为一些小事争吵不休，情绪不稳定，有时候还会做出出格的行为，比如，偷偷拿着小陈的手机把里面的异性好友全部删除。小陈觉得日常生活和工作受到了很大影响，便向丽丽提出分手。但是丽丽不同意，甚至以死相逼，威胁小陈必须跟她结婚，否则两人同归于尽，一起从10楼跳下去。小陈性格胆小懦弱，在丽丽的威逼利诱下，不得不违背真实意愿与她办理了结婚登记。但是这样的婚姻很难长久地维系下去，强扭的瓜不甜。小陈通过咨询律师得知，受胁迫的婚姻是可以撤销的。两人登记时间还不到一年，也没有孕育子女，一切都还来得及。小陈认为，自己的人生得自己做主，不能为别人活一辈子。于是他鼓足勇气，向法院起诉，要求判决撤销婚姻。

《民法典》第一千零五十二条【胁迫婚姻】因胁迫结婚的,受胁迫的一方可以向人民法院请求撤销婚姻。

请求撤销婚姻的,应当自胁迫行为终止之日起一年内提出。

被非法限制人身自由的当事人请求撤销婚姻的,应当自恢复人身自由之日起一年内提出。

法院查明，丽丽确实采用了威胁的手段胁迫小陈，致使他因担心自身安全而违背真实意愿与她登记结婚，而且丽丽对胁迫的事实也予以承认，并且未超过一年的撤销期限，两人也没有生育子女，登记结婚后未共同取得财产。法院认为小陈要求撤销婚姻关系的诉讼请求具有事实和法律依据，最终判决撤销丽丽和小陈之间的婚姻关系。

⚖ 法律解析

受胁迫的婚姻是可以撤销的，根据《民法典》第一千零五十二条的规定，想要成功地撤销婚姻，需要满足两个条件：

一是因胁迫结婚，这里的"胁迫"需要受胁迫方拿出实实在在的证据来，而不是只凭口头说明。如本案中，丽丽以跳楼自杀胁迫小陈登记结婚，那么小陈可以提供丽丽含有威胁内容的短信、微信记录，或者通话录音、报警记录、消防出警记录等，这些都是可以证明丽丽胁迫小陈登记结婚的事实。不仅如此，如果丽丽以小陈或者他近亲属的生命、身体健康、名誉、财产等将会受到损害为要挟，足以迫使小陈违背真实意愿与丽丽登记结婚的，都构成婚姻胁迫。

二是撤销婚姻请求权除斥期间[1]为一年，请求撤销婚姻的，

---

1 法定权利固定存续的期间，如果权利人在除斥期间内不行使权利，那么时间过了以后权利就会消灭。

应当自胁迫行为终止之日起一年内提出。被非法限制人身自由的当事人请求撤销婚姻的,应当自恢复人身自由之日起一年内提出。如果超过一年的除斥期间,就不能再提出撤销婚姻的请求了,因此这个时间限制非常关键。没有法律意识,没去咨询过律师,很容易就错过了这个时间。

婚姻撤销的后果是什么呢?对双方来说,他们的婚姻关系自始无效。

> 《民法典》第一千零五十四条【婚姻无效和被撤销的法律后果】 无效的或者被撤销的婚姻自始没有法律约束力,当事人不具有夫妻的权利和义务。同居期间所得的财产,由当事人协议处理;协议不成的,由人民法院根据照顾无过错方的原则判决。对重婚导致的无效婚姻的财产处理,不得侵害合法婚姻当事人的财产权益。当事人所生的子女,适用本法关于父母子女的规定。
>
> 婚姻无效或者被撤销的,无过错方有权请求损害赔偿。
>
> 《民法典》第一千零四十六条【结婚自愿】 结婚应当男女双方完全自愿,禁止任何一方对另一方加以强迫,禁止任何组织或者个人加以干涉。

2. 近亲属结婚是无效婚姻吗？

笑笑和小马是表兄妹的关系，笑笑的母亲和小马的父亲是亲兄妹。笑笑和小马从小关系就很好，长大以后在亲戚朋友的撮合下订了婚。由于双方家庭文化水平不高，法律意识淡薄，不知道三代以内旁系血亲不能结婚。在婚姻机关登记时，两人隐瞒了这一事实，骗取了婚姻登记。婚后双方生育一女，后因为琐事发生矛盾，常年分居。分居期间，笑笑又与他人生育一子。小马得知这一情况，要与笑笑解除婚姻关系，可是咨询完律师才知道，他们的婚姻关系是无效的。

> 《民法典》第一千零五十一条【婚姻无效的情形】有下列情形之一的，婚姻无效：
> （一）重婚；
> （二）有禁止结婚的亲属关系；
> （三）未到法定婚龄。

小马于是向法院起诉，要求判决双方婚姻无效。法院查明，笑笑的母亲和小马的父亲确实是亲兄妹，那么笑笑和小马就是表兄妹的关系，属于三代以内的旁系血亲。他们的婚姻属于《民法典》婚姻家庭编中明确禁止结婚的情形，其婚姻关系应属无效，自始没有法律约束力，他们之间不具有夫妻的权利和义务。

同居期间所得的财产，由两人协商处理，协商不成的，由法院根据照顾无过错方的原则判决。他们所生的子女，适用《民法典》关于父母子女的规定。由于笑笑和小马的女儿已满8周岁，并且女儿自愿选择跟着母亲生活，于是法院判决，女儿由笑笑抚养，小马来支付抚养费，直到女儿长大成人。

⚖ 法律解析

为什么三代以内的旁系血亲不能结婚呢？

禁止血亲结婚是优生的要求，因为血缘过近的亲属间通婚，容易把双方生理上的缺陷遗传给下一代。禁止近亲结婚对降低遗传病的发病率有重大作用。

很多朋友有疑问：如果近亲结婚，不生育子女可以吗？这也是不允许的，因为"禁止近亲结婚"已经上升到了法律层面。

> 《民法典》第一千零四十八条【禁止结婚的情形】直系血亲或者三代以内的旁系血亲禁止结婚。

直系血亲包括父母与子女、祖父母与孙子女、外祖父母与外孙子女、曾祖父母与曾孙子女、外曾祖父母与外曾孙子女。

三代以内的旁系血亲是指出自同一祖父母、外祖父母的非直系亲属，包括兄弟姐妹、同父异母或同母异父的兄弟姐妹、堂兄弟姐妹、表兄弟姐妹，以及叔、伯、姑、舅、姨与侄、外甥之间。

所以直系血亲或者三代以内的旁系血亲结婚是不被法律认可的，无法领取结婚证，即使结婚了也属于无效婚姻。双方的关系可通过户籍证明、村委证明来佐证。

另外两个婚姻无效的情形，一个是重婚，一个是未到法定婚龄。

第一，重婚。顾名思义，就是一个人已经登记结婚了，在没有解除婚姻关系的情况下又与他人登记结婚。一种可能是在民政部门没有联网的时代，在异地隐瞒婚姻状态办理了结婚登记；另一种可能是，一人违法拥有两个户籍、两个身份，没有按规定及时注销，从而以另一身份办理了婚姻登记。那么第二段婚姻就属于重婚，是无效的。

第二，未到法定婚龄。法定婚龄是男不得早于 22 周岁，女不得早于 20 周岁。早些年，有人为了早点领取结婚证，篡改身份信息，将年龄改大，欺骗婚姻登记机关，领取了结婚证。这种婚姻也是无效的。

> 《民法典》第一千零四十七条【法定结婚年龄】结婚年龄，男不得早于二十二周岁，女不得早于二十周岁。

3. 现在还有事实婚姻吗？

张阿姨和老李经过媒人介绍认识，1992年在农村老家按照当地习俗举办了婚礼，但是一直没有领取过结婚证。两人生育了三个子女，生活了半辈子也争吵了半辈子，现在子女都已长大成人、成家立业。张阿姨和老李分别在大女儿和儿子家看外孙和孙子，常年分居，感情不和。两人想去办理离婚，但是到了民政局，两

人被告知，没有领取过结婚证，民政局办不了离婚。那张阿姨和老李这种情况属于事实婚姻吗？现在还有事实婚姻的说法吗？这个要区别对待：

> 《民法典》婚姻家庭编的解释（一）第七条 未依据《民法典》第一千零四十九条规定办理结婚登记而以夫妻名义共同生活的男女，提起诉讼要求离婚的，应当区别对待：
>
> （一）1994年2月1日民政部《婚姻登记管理条例》公布实施以前，男女双方已经符合结婚实质要件的，按事实婚姻处理。
>
> （二）1994年2月1日民政部《婚姻登记管理条例》公布实施以后，男女双方符合结婚实质要件的，人民法院应当告知其补办结婚登记。未补办结婚登记的，依据本解释第三条规定处理。

张阿姨和老李是在1992年办的婚礼，也就是在1994年2月1日之前，虽然没有领取结婚证、没有办理结婚登记，但是已经符合结婚的实质要件，应按事实婚姻来处理。他们这种情况是没法去民政局离婚的，只能到法院起诉，由当地村委会提供1992年办理婚礼的相关证明，按照事实婚姻去法院起诉离婚。是否判离由法院视情况而定，如果张阿姨和老李不存在感情破裂的条件，只是因为帮子女照看孩子而常年分居，是很难判决离婚的。

⚖ 法律解析

1994年2月1日民政部《婚姻登记管理条例》公布实施以后，男女双方符合结婚实质要件的，需要到民政局办理结婚登记，才是法律认可的合法夫妻。如果未办理结婚登记，只是举办了婚礼，那在法律上就属于同居的男女朋友关系。

> 《民法典》婚姻家庭编的解释（一）第三条 当事人提起诉讼仅请求解除同居关系的，人民法院不予受理；已经受理的，裁定驳回起诉。
> 　　当事人因同居期间财产分割或者子女抚养纠纷提起诉讼的，人民法院应当受理。

如果同居期间没有生育子女，没有共同财产、共同债务需要分割，两人分开无须去法院解除同居关系，直接分开居住即可，这个法律不干涉。如果同居期间涉及财产分割或者子女抚养的问题，协商不一致的，可向法院起诉。

4. 分居满三年就自动离婚了吗？

小王和芸芸刚登记结婚没多久，就因为工作原因而异地分居。在分居期间，小王认识了年轻貌美的小丽。与芸芸相比，小丽温柔贤惠，经常照顾小王的饮食起居。小王听说分居满三年就自动离婚了，那他和芸芸结婚没多久就开始分居，到现在都快四个年头了，小王就认为他和芸芸的婚姻关系早就自动解除了。小王想与小丽结合，到民政局登记结婚时才被告知，小王的婚姻关系并没有解除，离婚需要通过民政局离婚或者法院起诉离婚两种途径，根本没有自动离婚这一说法。

小王缺乏法律意识，在没有与芸芸解除婚姻关系的情况下就又与小丽以夫妻名义同居生活或者领了结婚证的话，很容易构成重婚罪，是要判刑坐牢的。

《民法典》第一千零八十条 完成离婚登记,或者离婚判决书、调解书生效,即解除婚姻关系。

⚖ 法律解析

《民法典》规定的离婚方式只有两种:协议离婚和起诉离婚。

《民法典》第一千零七十六条【协议离婚】 夫妻双方自愿离婚的,应当签订书面离婚协议,并亲自到婚姻登记机关申请离婚登记。

离婚协议应当载明双方自愿离婚的意思表示和对子女抚养、财产以及债务处理等事项协商一致的意见。

> 《民法典》第一千零七十七条【离婚冷静期】 自婚姻登记机关收到离婚登记申请之日起三十日内，任何一方不愿意离婚的，可以向婚姻登记机关撤回离婚登记申请。
> 　　前款规定期限届满后三十日内，双方应当亲自到婚姻登记机关申请发给离婚证；未申请的，视为撤回离婚登记申请。
> 　　《民法典》第一千零七十八条【离婚登记】 婚姻登记机关查明双方确实是自愿离婚，并已经对子女抚养、财产以及债务处理等事项协商一致的，予以登记，发给离婚证。

　　按照旧《婚姻法》规定，双方自愿离婚，可以直接去婚姻登记机关登记离婚，现场即可办好离婚手续、领取离婚证，很简单就完成了离婚。而在《民法典》正式施行后，提交离婚申请只是离婚的第一步，接下来的30天是一段强制性的"冷静期"，且任何一方如对离婚表示反悔，即可向婚姻登记机关撤回离婚申请。

　　30天的冷静期届满之后，双方仍不能自动离婚，还应当在30天内亲自到婚姻登记机关申请发给离婚证。如果没有申请发给离婚证，就视为撤回离婚登记申请，婚也就离不了。

　　所以有人说《民法典》第一千零七十六、一千零七十七、一千零七十八条这三条法律，大大降低了协议离婚的效率，协议离婚都不如以前离婚离得快了。其中设置了离婚冷静期，就是为了防止草率离婚、冲动离婚，从而降低离婚率。

　　下面，我就协议离婚常见问题，采取问答的形式为大家讲解：

（一）协议离婚需要准备哪些材料？

①本人的结婚证；

②本人的户口簿以及身份证；

③双方当事人共同签署的离婚协议书，一式三份（书后附上法律文书写作，将详细为您介绍离婚协议怎么写）；

④双方当事人各提交两张单人近期正面半身免冠照片（照片的具体要求详见登记机关）。

特别注意：

因为各地政策不同，建议大家在去办理离婚之前，先拨打登记机关的电话询问一下或者先去现场咨询一下。

（二）协议离婚本人不去，找人代办，可以吗？

不可以，离婚必须本人去。

（三）之前没领结婚证，怎么协议离婚？

不用离婚，离婚的前提是双方先结婚，双方没有结婚，自然不需要离婚（事实婚姻除外）。

（四）结婚证丢了怎么办？

根据《婚姻登记工作规范》第五十六条第（二）项规定：申请办理离婚登记的当事人有一本结婚证丢失的，当事人应当书面声明遗失，婚姻登记机关可以根据另一本结婚证办理离婚登记；申请办理离婚登记的当事人两本结婚证都丢失的，当事人应当书面声明结婚证遗失并提供加盖查档专用章的结婚登记档案复印件，婚姻登记机关可根据当事人提供的上述材料办理离婚登记。

> 《民法典》第一千零七十九条【诉讼离婚】 夫妻一方要求离婚的，可以由有关组织进行调解或者直接向人民法院提起离婚诉讼。
>
> 人民法院审理离婚案件，应当进行调解；如果感情确已破裂，调解无效的，应当准予离婚。
>
> 有下列情形之一，调解无效的，应当准予离婚：
>
> （一）重婚或者与他人同居；
>
> （二）实施家庭暴力或者虐待、遗弃家庭成员；
>
> （三）有赌博、吸毒等恶习屡教不改；
>
> （四）因感情不和分居满二年；
>
> （五）其他导致夫妻感情破裂的情形。
>
> 一方被宣告失踪，另一方提起离婚诉讼的，应当准予离婚。
>
> 经人民法院判决不准离婚后，双方又分居满一年，一方再次提起离婚诉讼的，应当准予离婚。

同样，就起诉离婚的常见问题，也采用问答的形式为大家讲解：

（一）起诉离婚要去哪儿？

受理起诉的机关是人民法院，由被告住所地人民法院管辖（原则上原告就被告），但下列情况例外：

1. 由原告经常居住地人民法院管辖的情形：
①对不在我国领域内居住的人提起有关离婚的诉讼。
②对被监禁的人提起的离婚诉讼。
③夫妻一方离开住所地超过一年，另一方起诉离婚的案件，可以由原告住所地人民法院管辖。
④非军人对军人提起离婚诉讼，军人方为非文职军人，由原告住所地人民法院管辖。

2. 由被告住所地管辖的情形：
①双方当事人都被监禁的由被告原住所地人民法院管辖；被告被监禁一年以上的，由被告被监禁地或劳动教养地人民法院管辖。
②离婚诉讼双方当事人都是军人的，由被告住所地或者被告所在的团级以上单位驻地的人民法院管辖。
③夫妻双方离开住所地超过一年，一方起诉离婚的案件，由被告经常居住地人民法院管辖；没有经常居住地的，由原告起诉时被告居住地人民法院管辖。
④中国公民双方在国外但未定居，一方向人民法院起诉离婚的，应由原告或者被告原住所地的人民法院管辖。

3.涉外婚姻离婚的管辖规定：

①在国内结婚并定居国外的华侨，如定居国法院以离婚诉讼须由婚姻缔结地法院管辖为由不予受理的，应由婚姻缔结地或一方在国内的最后居住地人民法院管辖。

②在国外结婚并定居国外的华侨，如定居国法院以离婚诉讼须由国籍所属国法院管辖为由不予受理，应由一方原住所地或在国内的最后居住地人民法院管辖。

③中国公民一方居住在国外，一方居住在国内的离婚案件，国内一方住所地人民法院都有管辖权。国外一方向居住国法院起诉，国内一方向人民法院起诉，受诉人民法院有管辖权。

④中国公民双方在国外但未定居，一方向人民法院起诉的离婚案件，由原告或者被告原住所地人民法院管辖。

⑤国内中级人民法院裁定对外国法院离婚判决不予承认的，当事人可到国内原户籍所在地或者婚姻缔结地中级人民法院提起离婚诉讼。

（二）去法院离婚需要带什么？

①离婚起诉书（打印件3份，需本人签字、按手印）；

②证据（立案带复印件3份，开庭带原件）；

③原、被告身份证件（原告本人的身份证要带原件，交复印件1份给法院，对方的可以交复印件1份）；

④结婚证（立案带原件及复印件3份，开庭带原件）；

⑤婚姻登记证明（结婚证被对方藏起来的情况，需要去民政

局调取婚姻登记证明，立案带复印件，开庭带原件）；

⑥诉讼费（50元至300元不等，以法院收取为准）。

特别提醒：如果委托律师的话，上述材料主要由律师准备，其他需要补充的，建议提前打电话咨询立案庭法官。

（三）委托律师需要花费多少钱？

律师费的问题主要看所在地区的经济发展水平，有的地方基础费用3000元起，有的5000元起；财产多的，可能多收，财产少的，可能少收；具体的律师费要跟律师去协商，双方要签署代理合同，合同要一式两份。作为当事人，可以去律师协会网站多看看，也可以多到几家律师事务所选择一下，找一个有责任心的律师代理。

特别注意：离婚案件可能要多次起诉，如果是二次诉讼，就得准备两笔律师费用。当然，也可以跟律师谈一个总价。

（四）哪几种情况建议委托律师？

①经济雄厚型

当事人资金实力雄厚，可以请一个满意的律师，帮忙分析案件，去法院立案，在开庭时帮自己说话。其实，律师代理也是一种服务。绝大部分当事人都不愿意上法院打官司，离婚案件更是如此。如果经济实力允许，还是找一个律师从中斡旋、调解，凭借律师的三寸不烂之舌，将双方争议圆满化解；若是不能化解，就让律师帮助自己"一战到底"，争取最后胜利。

②案件复杂型

很多人在起诉离婚前，经历了漫长的自我斗争过程，也经历了收效甚微的谈判过程；还有一些人，虽然没有直白地和对方谈离婚，但内心也经历了一个极其压抑的反复过程。

然而，打离婚官司如同发动一场战争，想获得胜利并不是那么容易。想要达到理想的诉讼效果，需要做大量的诉前准备工作，这时就大大显示出了请律师的作用。换一个角度来说，如果自己成了被告，突然收到法院邮寄的起诉书，看到上面无中生有，甚至一派胡言的语句时，看着诉状请求中明显不合理的请求时，仅仅被气得脸色发青、嘴唇发紫是不够的，这时需要有针对性地拟写答辩状，准备反证，准备反击。

还有一些离婚案件案情复杂，需要分割的财产数量巨大，对于此类案件的处理，需要请专业婚姻律师来相助，这样可以最大限度地保护自己的合法权益。

（五）哪几种情况可以自己起诉离婚，不需要委托律师？

①无儿无女、无财产型；

②资金不允许型；

③情感争议型：有些当事人情路坎坷，心理不平衡，觉得自己很受伤、很委屈，或是觉得对方对不起自己，等等。这类案件一般请律师的意义不大，不如去找婚姻情感咨询师或找朋友倾诉。

（六）军婚有没有特殊保护？《民法典》中是如何规定的？

《民法典》第一千零八十一条【军婚的保护】 现役军人的配偶要求离婚，应当征得军人同意，但是军人一方有重大过错的除外。

（七）男方什么时候不得提出离婚？

《民法典》第一千零八十二条【男方离婚诉权的限制】 女方在怀孕期间、分娩后一年内或者终止妊娠后六个月内，男方不得提出离婚；但是，女方提出离婚或者人民法院认为确有必要受理男方离婚请求的除外。

（八）起诉离婚要花多少诉讼费？

根据《诉讼费用交纳办法》第十三条，离婚案件每件交纳50至300元。涉及财产分割，财产总额不超过20万元的，不另行交纳；超过20万元的部分，按照0.5%交纳。

5. 同居后未婚先孕，孩子谁来抚养？

小妮与小李在工作的地方相识，因同属异乡人，慢慢产生了情愫，两人开始了同居生活。但是双方家长对这段关系不认可，百般阻挠，两人也一直没有领取结婚证。同居一年后，小妮怀孕了，小妮父母对小李的意见颇大。小妮天天听着父母的唠叨，又觉得小李经常忙工作、没时间关心她，两人之间的隔阂越来越深。于是小妮回到父母家待产。直到产下一子，小李也没来探望一次，小妮彻底心灰意冷。于是在孩子1岁半的时候，小妮向法院起诉，非婚生子由小妮来抚养，小李支付抚养费。

《民法典》第一千零七十一条规定【非婚生子女的权利】非婚生子女享有与婚生子女同等的权利，任何组织或者个人不得加以危害和歧视。

不直接抚养非婚生子女的生父或者生母，应当负担未成年子女或者不能独立生活的成年子女的抚养费。

小妮回到娘家后，就一直没有见过小李，长期分居慢慢导致感情不和。虽然两人没登记结婚，但是生育一子，非婚生子女和婚生子女的法律地位是一样的。孩子还不满2周岁，原则上是由母亲小妮直接抚养的，而不直接抚养非婚生子女的小李则应当负担孩子的抚养费。小李月收入5000元左右，于是法院判决孩子归母亲小妮抚养，生父小李每月支付1000元的抚养费，直至其能够独立生活为止。生父小李同时享有探望权。

《民法典》第一千零八十六条【父母的探望权】离婚后，不直接抚养子女的父或者母，有探望子女的权利，另一方有协助的义务。

行使探望权利的方式、时间由当事人协议；协议不成的，由人民法院判决。

父或者母探望子女，不利于子女身心健康的，由人民法院依法中止探望；中止的事由消失后，应当恢复探望。

⚖ 法律解析

本案系同居关系子女抚养纠纷，确认子女抚养权应以利于该子女的健康成长为前提。确认子女抚养权应综合考虑双方当事人经济、家庭生活环境、与子女建立的情感等各种因素。

> 《民法典》第一千零八十四条【离婚后的父母子女关系】父母与子女间的关系，不因父母离婚而消除。离婚后，子女无论由父或者母直接抚养，仍是父母双方的子女。
>
> 离婚后，父母对于子女仍有抚养、教育、保护的权利和义务。
>
> 离婚后，不满两周岁的子女，以由母亲直接抚养为原则。已满两周岁的子女，父母双方对抚养问题协议不成的，由人民法院根据双方的具体情况，按照最有利于未成年子女的原则判决。子女已满八周岁的，应当尊重其真实意愿。

本案因小妮怀孕期间和生产后都在其父母家生活，孩子1岁半了，一直由小妮及其家人抚养，已经建立了深厚的亲情。而在此期间，生父小李因与小妮父母存在矛盾，一直没来探望，与孩子未能建立起父子亲情，亦未支付过抚养费、未能尽到抚养义务。根据《民法典》的规定：不满两周岁的子女，以由母亲直接抚养为原则。故法院认为，该子应由小妮继续抚养为宜。

关于支付孩子抚养费和探望权的问题，根据《民法典》的规定：不直接抚养非婚生子女的生父或者生母，应当负担未成年子女或者不能独立生活的成年子女的抚养费。结合当地的生活水平和小李的收入情况，小李每月向孩子支付抚养费1000元为宜，直至其能够独立生活为止。小李同时享有探望权。

6. 婚内出轨要支付过错损害赔偿金吗？

小芳和小刘登记结婚后，生育一子。怀孕期间，小芳发现小刘与婚外的第三人有不正当的男女关系。为了孩子，小芳一再忍气吞声。小刘向小芳写下了婚姻承诺书，保证不再出轨，如有违反，自愿支付小芳50万元，作为家庭付出和精神损害的补偿。谁知好景不长，在小刘写下婚姻保证书半年后，又与第三者藕断丝连。最后，小刘完全置婚姻保证书的承诺于不顾，开始与第三者同居，保持着不正当的男女关系。小刘还用手机拍下了与第三者在一起时大量不堪入目的照片。小芳发现这些照片后，将证据备份保存了起来。小刘的行为严重伤害了小芳的感情，一度让小芳沉浸在抑郁的痛苦之中，甚至需要药物来维持情绪的稳定。小芳和小刘的夫妻感情已经完全破裂，没有办法再共同生活，于是小芳提出了离婚。并且要求小刘按照婚姻保证书中的承诺，支付小芳50万元作为赔偿。儿子由小芳来抚养，小刘每月支付生活费直至孩子长大成人。

《民法典》第一千零九十一条【离婚损害赔偿】有下列情形之一，导致离婚的，无过错方有权请求损害赔偿：

（一）重婚；

（二）与他人同居；

（三）实施家庭暴力；

（四）虐待、遗弃家庭成员；

（五）有其他重大过错。

本案中，小芳提供了小刘出轨的证据，有小刘与第三者不堪入目的照片及聊天记录，可以证实小刘确实存在出轨的事实。所以法院认定小芳和小刘夫妻感情彻底破裂，准予离婚。

《民法典》第一千零九十一条第二项规定了，与他人同居导致离婚的，无过错方有权请求损害赔偿。本案中，小刘给小芳写的婚姻保证书中承诺，如果再次出轨，要支付小芳50万元作为精神损害赔偿。这是小刘与小芳对婚内出轨过错行为赔偿数额的约定，该约定内容没有违反法律禁止性规定，也未损害他人和社会的公共利益，所以属于有效的民事法律行为。

小刘出轨的事实违反了婚姻保证书约定的义务，因此小刘应当依约赔偿小芳。但是鉴于本案中小刘没有稳定的收入，两人几年生活下来的共同收入不足10万元，经常靠父母来接济，所以小刘承诺赔偿50万元的数额不符合他的经济状况，明显偏高，不利于赔偿数额的履行，也无法维系离婚后的正常生活。法院根据小刘的经济收入和消费支出，最终裁定8万元的损害赔偿金。

法律解析

除了《民法典》第一千零九十一条规定了无过错方的损害赔偿请求权，还有一个条款同样保障了无过错方的利益。

> 《民法典》第一千零八十七条【离婚时夫妻共同财产的处理】 离婚时，夫妻的共同财产由双方协议处理；协议不成的，由人民法院根据财产的具体情况，按照照顾子女、女方和无过错方权益的原则判决。
>
> 对夫或者妻在家庭土地承包经营中享有的权益等，应当依法予以保护。

离婚时，分割夫妻共同财产，不仅要照顾子女和女方，还要保障无过错方的权益。这是《民法典》对无过错方的新保护。这里的无过错方不仅限于女性，还包括男性。过错的行为，不仅限于出轨、家暴，像重婚、虐待、遗弃家庭成员等过错行为，同样包含于此。

所以说出轨后，无过错方能获得两项保障：一项是离婚时夫妻共同财产分割不再是平均分割了，而是倾向于无过错方来分割；另一项是无过错方能拿到损害赔偿金。

7. 未登记结婚，可以要求返还彩礼吗？

小杨和薇薇自由恋爱，两人因为年纪未达到法定婚龄，所以未办理结婚登记，只是在当地举行了婚礼仪式。小杨通过媒人给了薇薇和她的家人定亲礼 10000 元，彩礼 66000 元，三金价值 20000 元。小杨和薇薇按农村习俗举行婚礼后开始同居生活。薇薇在与小杨同居三个月后，离开了小杨，外出打工。打工的时候，薇薇遇到了同事小张，小张对她关爱备至。薇薇觉得小张比小杨更有上进心，小杨宁可在家闲着，也不出去打工赚钱。于是，薇薇对小杨十分不满，并表示不愿意再与小杨共同生活下去。因为薇薇与小杨没有领取结婚证，两人在法律上不是合法的夫妻，他们的关系不受法律保护，小杨也拿薇薇没办法，没法追究她出轨的责任。虽然两人这个时候已经到了法定婚龄，但是也没办法强行要求薇薇与他办理结婚登记。小杨唯一能维护自身权益的办法，就是让薇薇和她的父母返还彩礼款。于是小杨向法院起诉，要求薇薇及其父母三人返还彩礼。

《民法典》婚姻家庭编的解释（一）第五条 当事人请求返还按照习俗给付的彩礼的，如果查明属于以下情形，人民法院应当予以支持：

（一）双方未办理结婚登记手续；

（二）双方办理结婚登记手续但确未共同生活；

（三）婚前给付并导致给付人生活困难。

适用前款第二项、第三项的规定，应当以双方离婚为条件。

小杨和薇薇双方未办理结婚登记手续，是要返还按照习俗给付的彩礼的。这里的彩礼包括定亲礼、彩礼和三金，总共价值

96000元。只要是以缔结婚姻为目的，彩礼的给付方在婚前赠与收受方的都属于彩礼。如果两人正常登记婚姻、同居生活，那么彩礼就属于收受方的婚前个人财产，即使双方感情破裂又闹离婚，这笔彩礼钱也不用再分割。如果两人没有完成给付彩礼的目的，比如没有登记结婚，那么收受方及其父母就得按照《民法典》婚姻家庭编的解释（一）第五条的规定返还彩礼。所以最终法院支持了小杨的诉求。

⚖ 法律解析

本案小杨是以婚约财产纠纷提起诉讼的。婚约财产是指男女双方在相识恋爱期间，一方以结婚为目的，赠送给另一方的贵重物品。婚约财产纠纷是指男女双方在相识恋爱期间，一方因某种特定原因从对方处获得数额较大财产，当双方不能缔结婚姻时，财产受损的一方请求对方返还财物而产生的纠纷。本案小杨给付薇薇的彩礼，是基于民俗和地方习惯的做法，是为了最终缔结婚姻关系而给付的。如果没有形成婚姻关系的，彩礼就应当退还。

《民法典》婚姻家庭编的解释（一）第五条还规定了其他返还彩礼的情形：

男女双方办理结婚登记手续但未共同生活。如果两人在民政局办理了结婚登记，虽然有夫妻之名，但一直没有共同生活，也就是没有夫妻之实。那么缔结婚姻的意义，就未能实现，如果不返还彩礼，对彩礼的给付方不公平。这一情形下想要返还彩礼，需以双方离婚为前提，不提离婚，彩礼也不可能返还。

婚前给付并导致给付人生活困难。这一情况下的双方办理了结婚登记，也共同生活了，既有夫妻之名，又有夫妻之实，那这种情况为什么还要返还彩礼呢？这一条款主要考虑了给付方的经济条件，现在很多农村家庭为了给子女结婚置办彩礼——有的地方甚至出现高价彩礼——只能东借西凑，甚至砸锅卖铁。如果付出这么多代价换来的婚姻却不能长久，这对给付方的家庭无疑是一场巨大的灾难。

实务中适用这一条款，一般需要给付方提供家庭困难证明，比如贫困户、低保户等证明，证明给付方给付彩礼之后，生活靠自己的力量已经无法维持当地最基本的生活水平了。如果两人走到了离婚这一步，法院会判决返还部分彩礼。

8. 第二次起诉离婚会判离吗？

鹏鹏与小秦经人介绍相识恋爱，两人开始了同居生活，同居期间生育了一个女儿，三年后又生了个儿子。儿子出生不久，两人就去当地的民政局办理了结婚登记。结婚以后，由于有两个孩子需要抚养，经济压力变大，两人经常因为琐事争吵不休。小秦就去法院起诉离婚了。但是法院认为，鹏鹏与小秦属于自由恋爱、

自愿结婚，有一定的感情基础，而且已经生育了两个子女，更应该珍惜这来之不易的家庭生活。所以法院判决不准予鹏鹏与小秦离婚。

可见鹏鹏与小秦并不满足《民法典》第一千零七十九条判决离婚的情形。在法院审理期间，鹏鹏与小秦还有多次电话联系和经济往来，小秦的父亲去世，鹏鹏也参加了葬礼。虽然鹏鹏与小秦夫妻感情出现裂痕，小秦亦向人民法院提起离婚诉讼，但在法院审理期间，双方仍有往来，而且鹏鹏也有意愿和小秦和好如初，说明鹏鹏和小秦之间通过加强沟通、相互理解，完全有和好的可能，可见鹏鹏和小秦之间的夫妻感情尚未完全破裂。

如果小秦第二次去法院起诉，法院会判离吗？

根据《民法典》第一千零七十九条的规定，经人民法院判决不准离婚后，双方又分居满一年，一方再次提起离婚诉讼的，应当准予离婚。其实《民法典》给了鹏鹏一年的时间去挽回这段婚姻。如果这一年之内，鹏鹏既不联系小秦，也不见面挽回这段婚姻，一年后小秦执意要去法院起诉离婚的话，那么法院也无能为力，只能判决离婚了。

⚖ 法律解析

《民法典》第一千零七十九条规定了法院判决离婚的几种情形。想要离婚，要么双方协商一致去民政局离婚，要么就按照《民法典》第一千零七十九条的规定，让法院判决离婚。判决离还是不离，不是法官一个人说了算，而是有明确的法律规定，有条条框框去对号入座。"（一）重婚或者与他人同居；（二）实施家庭暴力或者虐待、遗弃家庭成员；（三）有赌博、吸毒等恶习屡教不改；（四）因感情不和分居满二年；（五）其他导致夫妻感情破裂的情形。"符合这些条件之一，且有证据佐证的，就能一次性判离。没有一次性判离的情形，若是中间分居满一年，也可以通过二次起诉来实现离婚的目的，解决离婚案件"久调不判"的实务问题。也就是说，没有离不掉的婚姻，所以婚姻不易，且行且珍惜，婚姻生活需要双方共同经营。

有朋友会问："律师，你就不要劝我了，这婚我肯定要离。他出轨又家暴，只是我苦于没有证据，他对我造成的精神伤害太大了，这些证据我也不想再去收集了，我只想知道如何快速地离婚，我是等分居两年再去起诉，还是两次起诉中间分居满一年呢？哪种胜算更大？"

现实中这种情况非常常见，两人的感情已经破裂，只是没有证据来证实过错方的行为，那么无过错方还需要继续忍受下去吗？如果你因为不幸福的婚姻而抑郁、焦虑，严重影响精神状态，建议通过法律手段来摆脱此种困境。

我们会推荐两次起诉中间分居满一年的方案，这种胜算更大，而且收集证据也更简单。你只需要提供第一次法院判决不准离婚的判决书和分居满一年的证据即可。分居的证据可以是村委会或居委会开的分居证明、在异地生活的租赁合同、在单位宿舍居住的证明等。这一方案判决下来的时间大概是一年半到两年，比因感情不和分居满两年节省很多时间。而且因感情不和分居满两年，还需要提供因感情不和而分居的证据。单单因为工作原因而分居并不适用这一情形，所以胜算不大。

最后，需要提醒大家，"经人民法院判决不准离婚后，双方又分居满一年，一方再次提起离婚诉讼的，应当准予离婚"中，分居一年的起算时间点是从第一次法院判决不准离婚后，这一判决送达完成，经过十五天的上诉期，双方都未上诉，判决书生效之日算起分居满一年。有朋友会误解，说"我第一次起诉的时候就已经分居满一年了"，这样其实不算，准确来说，要从第一次判决生效之日算起，分居满一年了。此时再次起诉离婚，依据"应当准予离婚"，判离的概率就非常高了。

有朋友会问"等半年可不可以"，第一次起诉判决不离，等半年是禁诉期，过了半年一方就可以再次起诉了。这半年可以准予离婚，但是可判离可不判离，判离概率是50%~60%，如果想有个确定的结果，就还是再等半年，到分居满一年吧。

9. 父母出资购置房屋视为个人赠与还是对双方的赠与？

小明的父母在小明结婚的时候，为小明全款置办了一套婚房，以方便小明和新婚妻子燕燕的婚后生活。这套房子登记在小明个人名下，购买的时间是在小明和燕燕领取结婚证之后。小明和燕燕的感情很好，但是父母想得比较多，因为两人半生的积蓄都花在这套房子上，万一小明和燕燕感情不和闹离婚，房子被无缘无故分走一半，岂不是得不偿失。为此，小明的父母每天晚上睡不好觉，于是他们来到律师事务所咨询。

《民法典》第一千零六十二条【夫妻共同财产】夫妻在婚姻关系存续期间所得的下列财产，为夫妻的共同财产，归夫妻共同所有：

（一）工资、奖金、劳务报酬；

（二）生产、经营、投资的收益；

（三）知识产权的收益；

（四）继承或者受赠的财产，但是本法第一千零六十三条第三项规定的除外；

（五）其他应当归共同所有的财产。

夫妻对共同财产，有平等的处理权。

《民法典》婚姻家庭编的解释（一）第二十九条规定，当事人结婚前，父母为双方购置房屋出资的，该出资应当认定为对自己子女个人的赠与，但父母明确表示赠与双方的除外。

当事人结婚后，父母为双方购置房屋出资的，依照约定处理；没有约定或者约定不明确的，按照《民法典》第一千零六十二条第一款第四项规定的原则处理。

小明的父母觉得，房子登记在小明名下，就视为对小明个人的赠与，属于小明的个人财产，即使离婚也分不走。其实，法律已经改了。还以为婚后夫妻一方的父母出资全款购买的房子，只要登记在一个人的名下，就是属于他个人的财产，而不属于夫妻共同财产，就大错特错了。早些年，《婚姻法》司法解释（三）第七条确实有个规定：婚后夫妻一方的父母在买房子的时候，登记在子女个人名下，就视为对子女的单独赠与。但是《婚姻法》以及《婚姻法》司法解释已经废止了，一切以《民法典》为准。《民法典》第一千零六十二条以及《民法典》婚姻家庭编司法解释第二十九条，夫妻婚后一方父母出资全款购买的房子，不管是登记在夫妻一方名下，还是登记在夫妻双方的名下，只要是没有明确约定只归一方所有，就属于夫妻共同财产。

法律解析

小明的父母如果想解除顾虑该怎么做呢？这套房子确实是小明的父母花了半生积蓄全款购买的，那么如何保障他们的利益呢？

> 《民法典》第一千零六十三条【夫妻个人财产】下列财产为夫妻一方的个人财产：
> （一）一方的婚前财产；
> （二）一方因受到人身损害获得的赔偿或者补偿；
> （三）遗嘱或者赠与合同中确定只归一方的财产；
> （四）一方专用的生活用品；
> （五）其他应当归一方的财产。

"遗嘱或者赠与合同中确定只归一方的财产",这一条款给小明的父母指出了一条明路。房子已经登记在小明名下了,且小明的父母有全款的转账记录,这表明房子是他们出资购买的。那么需要小明的父母和小明之间签署一份赠与协议,同时写明这样的条款:这套房子是小明的父母全款出资购买、赠与小明个人的,与其配偶无关。那么这套房子就视为小明的个人财产了。

10. 关于子女抚养权、抚养费和探望权的规定

珍珍和阿牛在2010年登记结婚，两人在婚后孕育了一儿一女，儿子已经11周岁了，女儿也8周岁了。没想到一场意外降临在原本幸福的一家人身上。阿牛在外出干活的时候不幸被砸伤了腿，落下了终身残疾，单位按法律规定给了工伤赔偿，也给阿牛安排了较为清闲的工作。但是阿牛内心愤愤不平，觉得老天对他不公，

经常酗酒度日，喝完酒回到家就对老婆孩子破口大骂，有时还会大打出手。一开始珍珍为了两个孩子忍气吞声，觉得阿牛慢慢看开就好了，没想到事态不但没有好转，阿牛的脾气反而变得越来越暴躁，甚至会毫无缘由地指责两个孩子，孩子的性格慢慢变得内向，在学校也不擅长跟别人交流。珍珍发现这样的家庭环境不但对孩子一点好处也没有，而且影响到了孩子的精神状态和性格。于是她鼓起勇气向阿牛提出了离婚。别的她都不在意，只想争取两个孩子的抚养权。

《民法典》第一千零八十四条【离婚后的父母子女关系】父母与子女间的关系，不因父母离婚而消除。离婚后，子女无论由父或者母直接抚养，仍是父母双方的子女。

离婚后，父母对于子女仍有抚养、教育、保护的权利和义务。

离婚后，不满两周岁的子女，以由母亲直接抚养为原则。已满两周岁的子女，父母双方对抚养问题协议不成的，由人民法院根据双方的具体情况，按照最有利于未成年子女的原则判决。子女已满八周岁的，应当尊重其真实意愿。

《民法典》第一千零八十五条【离婚后子女抚养费的负担】离婚后，子女由一方直接抚养的，另一方应当负担部分或者全部抚养费。负担费用的多少和期限的长短，由双方协议；协议不成的，由人民法院判决。

前款规定的协议或者判决，不妨碍子女在必要时向父母任何一方提出超过协议或者判决原定数额的合理要求。

《民法典》第一千零八十六条【父母的探望权】离婚后，不直接抚养子女的父或者母，有探望子女的权利，另一方有协助的义务。

行使探望权利的方式、时间由当事人协议；协议不成的，由人民法院判决。

父或者母探望子女，不利于子女身心健康的，由人民法院依法中止探望；中止的事由消失后，应当恢复探望。

《民法典》婚姻家庭编的解释（一）第四十九条规定，抚养费的数额，可以根据子女的实际需要、父母双方的负担能力和当地的实际生活水平确定。

有固定收入的，抚养费一般可以按其月总收入的百分之二十至三十的比例给付。负担两个以上子女抚养费的，比例可以适当提高，但一般不得超过月总收入的百分之五十。

无固定收入的，抚养费的数额可以依据当年总收入或者同行业平均收入，参照上述比例确定。

有特殊情况的，可以适当提高或者降低上述比例。

珍珍的两个孩子，一个11周岁，一个8周岁。正常情况下，育有两个子女的父母离婚，会一人抚养一个。但是珍珍的两个儿女已经年满八周岁，他们有自主选择权，而两个孩子都表达了自己的真实意愿，想跟着母亲生活，所以法院判决两个孩子都归珍珍抚养，阿牛来支付两个孩子的抚养费。

阿牛月收入5000元，两个孩子的抚养费一般不超过月总收入的50%，但考虑到阿牛是残疾人，所以法院酌定阿牛每月支付月收入的40%——也就是2000元，作为两个孩子的抚养费，直到孩子长大成人。

两个孩子归珍珍抚养后，阿牛有探望的权利，但是如果阿牛见到孩子后还是不改往常的作风，对孩子破口大骂或者是大打出手，影响到孩子身心健康，那么法院可以依法中止探望。

法律解析

《民法典》婚姻家庭编的解释（一）第四十四条 离婚案件涉及未成年子女抚养的，对不满两周岁的子女，按照民法典第一千零八十四条第三款规定的原则处理。母亲有下列情形之一，父亲请求直接抚养的，人民法院应予支持：

（一）患有久治不愈的传染性疾病或者其他严重疾病，子女不宜与其共同生活；

（二）有抚养条件不尽抚养义务，而父亲要求子女随其生活；

（三）因其他原因，子女确不宜随母亲生活。

《民法典》婚姻家庭编的解释（一）第四十六条 对已满两周岁的未成年子女，父母均要求直接抚养，一方有下列情形之一的，可予优先考虑：

（一）已做绝育手术或者因其他原因丧失生育能力；

（二）子女随其生活时间较长，改变生活环境对子女健康成长明显不利；

（三）无其他子女，而另一方有其他子女；

（四）子女随其生活，对子女成长有利，而另一方患有久治不愈的传染性疾病或者其他严重疾病，或者有其他不利于子女身心健康的情形，不宜与子女共同生活。

《民法典》婚姻家庭编的解释（一）第四十七条 父母抚养子女的条件基本相同，双方均要求直接抚养子女，但子女单独随祖父母或者外祖父母共同生活多年，且祖父母或者外祖父母要求并且有能力帮助子女照顾孙子女或者外孙子女的，可以作为父或者母直接抚养子女的优先条件予以考虑。

不满两周岁的子女，以由母亲直接抚养为原则。

已满两周岁不满八周岁的子女，按最有利于子女健康成长为原则来判。

哪些因素有利于获得子女的抚养权？

①子女长期主要由一方照顾；

②子女长期由一方父母协助照顾；

③一方有协助抚养人；

④子女在一方居住地生活、上学；

⑤其中一方有住房（学区房），另一方没有；

⑥一方丧失生育能力。

法院在判决时对于子女长期生活的环境十分重视，考虑子女长期主要由父母哪一方照看，这是最重要的影响因素，此外孩子由祖父母还是外祖父母协助照顾这一因素也是法院裁判需要考虑的。

哪些因素不利于获得子女的抚养权？

①一方患有久治不愈的传染性疾病或其他疾病；

②一方不尽抚养义务；

③一方有其他子女；

④一方有生活恶习；

⑤一方出轨、家暴、酗酒；

⑥一方坐牢。

如果一方患有久治不愈的传染性疾病或其他疾病，或者一方不尽抚养义务，这两种情况基本上得不到孩子的抚养权。

想争夺孩子抚养权，可以提供哪些证据？

①提交孩子的出生证明、户籍证明。

根据《民法典》的规定，两周岁以下的子女，无特殊情况的，随母方生活。如果孩子满八周岁的话，还应该考虑该子女的意见，户籍也可以在一定程度上证明，孩子跟着自己一方生活。

②提交已做绝育手术或因其他原因丧失生育能力的证据。需要提供书证，比如医院的病例、诊断证明，等等。

③提交子女随一方生活时间较长，改变生活环境对子女健康成

长明显不利的证据，如上学的缴费单、学校的证明、孩子的学籍信息、幼儿园的证明、居委会村委会的证明、邻居的证人证言，等等。

④提交一方有无其他子女的证据。如果一方无其他子女，而另一方有其他子女的，则无子女的一方应该有权优先抚养子女。对方户籍信息不能获得的，可以找法院调取。

⑤提交子女单独随祖父母或外祖父母共同生活多年，且祖父母或外祖父母要求并且有能力帮助子女照顾孙子女或外孙子女的证据。有条件的，祖父母或外祖父母可以出庭做证，或者提供居委会村委会的证明、邻居的证人证言等。

⑥提交对方存在的不利于抚养孩子的证据。如：对方患有久治不愈的传染性疾病或其他疾病，不尽抚养义务，有其他子女，有生活恶习，比如出轨、家暴、酗酒、坐牢等。

抚养费数额的变更

1.增加抚养费的条件

①物价的上涨、经济生活水平的提高，原定的抚养费已难以满足实际需要，无法维持当地实际生活水平。

原定抚养费数额不足以维持子女生活的情况指：子女求学所需学费、生活费增长，或子女患病需要治疗费用等。

②子女因上学、患病等原因，所需要的费用已超过原定的数额。

例如：在离婚后的第五年，孩子被检查出患有血癌，需要大量的钱来治病，原来的抚养费肯定不够，可要求另一方适当增加抚养费。

③其他，如不直接抚养孩子的父方或母方经济收入明显增加。

2.减少或免除抚养费的条件

①需要给付抚养费的一方没有经济来源，丧失劳动能力或者长期患病，无法按原定数额给付抚养费，同时享有抚养权的一方能够不依靠抚养费而抚养孩子。

例如，某家庭离婚后由孩子母亲刘某抚养孩子，赵某每月支付抚养费5000元。某日，赵某被车撞致使瘫痪，丧失了劳动能力，而孩子的母亲刘某每月薪水7000元，足够养活孩子，此时赵某可要求减少或免除自己所支付抚养费的数额。

②坐牢、失去人身自由，无力给付的，可以适当减少。

③直接抚养子女的一方再婚后，继父或继母愿意负担子女所需抚养费的一部分或全部的。

注意以上只是考虑的因素，如需减少，需要到法院起诉，以法院判决为准。

④抚养费给到孩子多大。

一般到孩子十八周岁。在实践中，有些成年大学生起诉父母未支付抚养费。这种情况，通常法院都会做父母的工作，进行调解结案，不进行判决。如果调解不了，一般会驳回子女一方的诉讼。在实践中也有许多孩子先天或后天患有残疾，或是患有严重疾病，不能独立生活，丧失劳动能力或未完全丧失劳动能力，这种情况，父母也要支付一定的费用。

11. 夫妻共同债务要共债共签吗？

　　老王有酗酒的恶习，经常在外喝酒赊账。老婆秀丽知道老王的行为，所以将家里大大小小的花销管得很严。老王没有稳定的工作收入，有时候就找经常一起玩的几个朋友借钱去花天酒地。这天，老王的一位酒肉朋友老李拿着一张欠条上门要账，上面写着老王借了老李5000元，约定一个月后归还，上面还有老王的亲笔签字。老李找到老王的老婆秀丽，让秀丽替老王还这笔账。老李认为老王和秀丽是夫妻，老王欠的钱就是秀丽欠的钱，这笔钱让秀丽还也是应当的。秀丽却觉得不公平，老王借的5000元钱根本没往家里拿，而是在外面花天酒地消费了。如果结了婚成了夫妻，就得替老王背债，那她这个婚结得也太亏了。

《民法典》第一千零六十四条【夫妻共同债务】 夫妻双方共同签名或者夫妻一方事后追认等共同意思表示所负的债务，以及夫妻一方在婚姻关系存续期间以个人名义为家庭日常生活需要所负的债务，属于夫妻共同债务。

夫妻一方在婚姻关系存续期间以个人名义超出家庭日常生活需要所负的债务，不属于夫妻共同债务；但是，债权人能够证明该债务用于夫妻共同生活、共同生产经营或者基于夫妻双方共同意思表示的除外。

秀丽没有在这张欠条上签字，对这笔欠款也没有事后追认，而且老王借的这笔钱，秀丽没见到，也没用于家庭日常生活需要。虽然秀丽和老王是夫妻关系，两人还在婚姻关系存续期间，但是这笔钱不属于夫妻共同债务。老李这笔账得找老王本人来偿还。

⚖ 法律解析

关于欠款,一般来说,夫妻谁签字就是谁还款,不签字不还款。除非丈夫签字,钱打到了妻子卡里,这种情况下,妻子虽然没有签字,但是一般也需承担还款责任。

对于出借人或者债权人而言,当准备出借的时候,为减少风险,让债务人夫妇共债共签是最稳妥的方案。《民法典》第一千零六十四条中规定"债权人能够证明该债务用于夫妻共同生活、共同生产经营或者基于夫妻双方共同意思表示的除外",这一点怎么证明?难度相当大。

不知情的一方对配偶的借款行为一定要谨慎,一旦共同签字,或者补签了自己的名字,想跑也就跑不了了。

12. 丈夫给小三买的房和车，原配能要回来吗？

小武年纪轻轻就事业有成，开了一家公司，身边的莺莺燕燕非常多。小武的老婆秀儿根本没有想到，原来说深爱自己、一辈子只爱她一人的老公竟然会出轨。小武的出轨对象是他公司的秘书，年轻漂亮。秀儿从公司同事口中得知，小武给秘书在某市海边买了一套海景房，两人经常去那里度假。为了方便秘书上下班，小武还为她买了一辆车。车和房子都登记在秘书名下。秀儿通过多方打听和调查，委托律师调查到了房子的房产信息和车辆登记信息。

人无千日好，花无百日红。小武的公司因为金融危机而濒临破产。小武欠了一大笔债，身边的人纷纷疏远他，也包括秘书，不再接他的电话了，唯独原配秀儿对他不离不弃。经历过这番挫折，小武才明白留在身边的秀儿才是他最应当珍惜的人。秀儿不计前嫌，她喜欢上小武并选择嫁给他，也不是因为他的钱，当初他们白手起家，小武还是个身无分文的毛头小子，秀儿也并未嫌弃他。经历过此番动荡，他们的感情又回到了当初。小武也表示以后一定珍惜眼前人，妻子、父母、孩子组成了他的家，这个家才是他永远的后盾。

秀儿之前就咨询过律师，小武买给小三的房子和车子可以通过法律程序要回来，正好可以抵销小武公司破产欠下的外债。小武知错能改，配合着秀儿提供了买房买车的转账记录、聊天记录和合同等相关信息。丈夫给小三买房、买车，花的是夫妻俩的共同财产，这一行为侵害到了原配的夫妻共同财产权。秀儿可通过撤销丈夫与小三之间的赠与合同，要回买房、买车的钱。

⚖️ 法律解析

丈夫在外打拼挣的钱，是夫妻俩的共同财产。原配不仅能要回丈夫送给小三的车和房，丈夫在情人节给小三发的"520""1314"这些以数额表达爱慕的红包，都可以一分不少地要回来。小三破坏他人家庭的种种行为本来就是不道德的，如果是冲着钱来破坏他人家庭，到最后只会落得人财两空的下场。

13. 一方悔婚，另一方的彩礼能全退吗？

小超今年 28 岁，最近在感情路上遇到一件十分糟心的事。2019 年年底，他经人介绍认识了晓荣。2020 年 3 月初，双方订了婚，订婚当天他就给了女方 20 万元的彩礼钱。经过双方家长协商，决定 2020 年 8 月 8 日举办婚礼。现在既然订婚了，就先住一起吧。刚开始，小超和晓荣十分恩爱，可是没多久，晓荣就觉得小超性格太懦弱，对于生活中遇到的矛盾只会委曲求全。此时晓荣想起因给不起彩礼而分手的前男友小张，只要一和小超产生矛盾，晓荣就搬出小张来和小超比较。有一次，小超实在忍不了就吼了晓荣一声。于是晓荣立即搬出了小超家，并拉黑了小超的微信。

小超到晓荣家，打算要回彩礼钱，晓荣拒不退还彩礼钱，还说自己跟小超住了这么久都没找小超要"青春损失费"，而且她现在也没有钱还。小超一气之下将晓荣起诉至法院，请求法院依法判决女方返还彩礼 20 万元。

法院经过审理后认为，婚约当事人请求返还按照习俗给付的彩礼的，如果查明属于婚约当事人未办理结婚登记手续的，应该予以支持。本案中，原告与被告按照风俗习惯订婚，双方至今未办理结婚登记手续，故依据《民法典》婚姻家庭编司法解释的规定，判决被告晓荣于判决生效之日起10日内返还原告小超彩礼礼金15万元，驳回小超其他诉讼请求。

《民法典》第一千零四十二条第一款 禁止包办、买卖婚姻和其他干涉婚姻自由的行为。禁止借婚姻索取财物。

《民法典》婚姻家庭编的解释（一）第五条 当事人请求返还按照习俗给付的彩礼的，如果查明属于以下情形，人民法院应当予以支持：

（一）双方未办理结婚登记手续；（二）双方办理结婚登记手续但确未共同生活；（三）婚前给付并导致给付人生活困难。适用前款第二项、第三项的规定，应当以双方离婚为条件。

⚖ 法律解析

彩礼是很多地方的婚嫁习俗之一,现在因为分手或者离婚导致的彩礼纠纷也层出不穷,这个纠纷在法院被称为"婚约财产纠纷"。

在婚约财产纠纷案件中,原告一定要尽可能充分地提供证据证明以下事实:

①婚约存在的证据,比如录音、录像、照片、第三方证人证言(如媒人、介绍人)等;

②彩礼给付的证据,比如转账截图、转账凭证或第三方证人证言等;

③是否办理结婚登记的证据,即结婚证;

④是否共同生活及共同生活时间的证据,如第三方证人证言、租房协议等;

⑤给付人生活困难的证据,如贫困证明、低保证明等。

最后提醒各位原告,如果两个人真的过不下去了,一定要尽早协商退还彩礼的事情,协商不成的千万别犹豫、别拖延,必须立即起诉。

14. 谁先提离婚，谁就吃亏吗？

李先生和温女士已经结婚快二十年了，两人虽然儿女双全，但是感情一直都很平淡。温女士经常和闺密说自己根本就不喜欢李先生，是自己的父母贪图李先生家庭条件好，才要求她嫁给李先生的。对于温女士来说，和丈夫在一起的每一天都是煎熬，婚后生活让性格强势的温女士感觉寄人篱下，因此经常和丈夫发生争吵、冷战。为了尽快离婚，温女士提出可以放弃全部财产、净身出户，于是李先生同意了协议离婚。可是离婚后不到一个月，李先生就和别人结婚了，温女士对此感到十分后悔，却为时已晚。

⚖ 法律解析

婚姻是人生中重要的事情之一，想要得到更好的生活，需要通过自己的双手来努力创造。"谁先提离婚，谁就吃亏"，这是一个在民间广为流传的观点。这个观点认为，谁先提出离婚就会在财产上吃亏，会不分或者少分财产，孩子抚养权也无法争取。其实我国法律并没有明确规定谁先提离婚谁就吃亏，如果是协议离婚，哪一方先提离婚，那肯定这一方想离婚的意愿更加强烈，态度更加坚决。这个时候，如果另一方抓住了这个心理，会不择手段，要挟一方做出让步。因为现阶段第一次去法院起诉离婚，在对方不同意离婚的情况下，若是不符合法定情形，法院一般不会判离婚。为了尽快脱离婚姻的苦海、一刀两断，想离婚的一方往往会选择妥协，同意对方的无理要求，不分或少分财产，甚至放弃孩子抚养权。如果是诉讼离婚，谁先提离婚并不影响财产分割和孩子抚养权的归属。第一，离婚财产到底该怎么分呢？没有特殊情况该怎么分就怎么分，因为法律是公平的。第二，孩子抚养权到底归谁？孩子太小归女方（两周岁以内）；谁有利于孩子成长，离婚的时候孩子抚养权就归谁；八周岁以上的孩子，一般应尊重孩子的意愿。

第二篇

保护好自己的财产

1. 不要轻易借钱给别人

当你在网络搜索引擎输入"借钱不还"这四个字的时候，会发现搜索引擎会自动关联你可能想要搜索的文字，如"借钱不还怎么办，最有效的方法""借钱不还，多少钱可以立案报警""借钱不还怎么起诉，去哪里起诉""借钱不还，找不到人了怎么办""借钱不还起诉，对方没钱怎么办"，上述问题可能也是你想搜索的问题，正是因为搜索的人多了，搜索引擎才会自动弹出这些问题。虽然《民法典》第六百七十四条规定了"借款人应当按照约定的期限支付利息"，第六百七十五条规定了"借款人应当按照约定的期限返还借款"，但是最终能把借款本息都要回来的人有几个呢？

⚖️ 法律解析

当亲戚朋友向你借钱,能借吗?有些人认为,亲戚朋友之间的无息借款是一件只有风险没有收益的事情,最坏的结果可能就是人财两空。当你把钱借给亲戚朋友,如果最后他们只还了本金,那你就损失了利息,要知道钱存在银行是有利息的。如果最后朋友不还了,那你除了损失这笔钱,还可能失去这个朋友。所以,亲戚朋友向你借钱,你借不借的判断依据应当是失去这笔钱你究竟在乎不在乎,如果你不在乎,那就可以借。

有人或者有公司许诺高额利息向你借钱，能借吗？

我们先看看《刑法》关于非法吸收公众存款罪的定义，即违反国家金融管理法规非法吸收公众存款或变相吸收公众存款、扰乱金融秩序的行为。那些许诺高额利息向你借钱的人或者公司，大都走在非法吸收公众存款罪的路上，而一旦你的钱被认定为非法集资的款项，再想单独去法院起诉，法院通常都会以先刑事后民事为由让你等待。所以，请一定要明白那些人的套路：你想要的是他的高息，他想要的是你的本金。

当你把钱借出去了，经过多次催讨而别人就是不还，去法院起诉是什么流程呢？如果你的借款金额比较小，完全可以自己打官司，如果金额比较大且案情复杂，建议委托专业律师代理。

起诉通常需要准备以下材料：（1）起诉状；（2）证据；（3）原告身份证复印件；（4）被告身份证复印件或人口居住信息；（5）其他材料，具体可以去法院立案庭询问或者直接打法院立案庭的电话询问。

重点讲一下起诉状、证据、被告身份证复印件或人口居住信息这三个材料的准备。

第一，起诉状主要包括原被告双方信息、案由、诉讼请求、事实和理由。第二，证据一般包括借条、欠条、收据、收条、转账记录、还款记录、微信聊天等能够证明存在民间借贷事实的证据材料。第三，被告身份证复印件或人口居住信息，最好在出借的时候就有对方身份证复印件或者照片，因为我国重名的人很多，如果你只知道对方的名字，在被告不明确的情况下连立案都立不了，实在没办法获取的，还可以求助于律师调查。

起诉的流程其实并不复杂，准备好上述材料后就可以去法院现场立案了，也可以网上立案。

现在着重谈一下网上立案。网上立案是什么？网上立案是指人民法院通过互联网接收民商事案件诉状及相关材料，并对这些材料进行在线审查立案，让不能来法院窗口立案的群众通过网络办理立案程序。不会操作网上立案怎么办？别怕，法院为方便群众操作，网络上通常会有当地法院工作人员录制的详细教程视频，手把手教你网上立案，在立案前通过网络学习一下就行了。

提醒各位，如果借款金额不大，可以直接起诉，法院判决后一般都会还款，通常没人会因为这事当"老赖"；如果金额比较大，一定要做好诉讼保全工作，如果前期没有保全到财产，后期即便胜诉也很难得到执行，甚至在深圳已经有了个人破产制度。所以，有钱不要轻易借，除非你能够承受这种借钱不还的损失。

2. 不要轻易给别人担保

　　夏丽今年 22 岁，大学毕业来到一家设计公司工作，老板老王平时对夏丽很好，经常给她涨工资，夏丽为一毕业就找到这样的好工作而开心。有一天，老王跟夏丽说："公司有个新业务需要去银行贷款，目前还缺个担保人，夏丽，你就帮帮忙。"为了报答老板的知遇之恩，夏丽便在担保上签了字。后来夏丽考上了公务员，离开了原来的公司。突然有一天夏丽接到了法院的电话，说她现在是某借贷案件的被告，让她去法院取一下材料。夏丽到法院看到起诉书上二百万的还款金额一下子就瘫软在地。

　　不要轻易地给别人做担保，因为借款资质不够的人才需要提供担保人。一旦做了担保人，他不还钱，借款人就只能找你。

《民法典》第六百八十一条【保证合同定义】保证合同是为保障债权的实现,保证人和债权人约定,当债务人不履行到期债务或者发生当事人约定的情形时,保证人履行债务或者承担责任的合同。

当你在保证人处签字,你就成了担保人,再想后悔就来不及了。

在正规金融借贷中,担保会作为负债体现在征信上,如果你去贷款买房、买车,可能会因为负债过高被拒,你自己办贷款也很有可能会因为负债过高而被拒。在银行管贷款的风控人员眼里,担保的本质就是借款人的个人金融资质不够,可能会出现逾期的风险,为了增加新的还款来源,降低银行的风险,借款人如果想借款就得提供一个担保人。金融机构对于担保人的人选也是有要求的,不是什么人都可以,一般要求是有房、有车、有固定资产的人,在银行风控人员眼里,国企、事业单位的正式员工及国家公务员都特别适合当担保人。

⚖ 法律解析

在成为别人的担保人之前,一定要注意下面几点:

第一,要充分考虑借款人的信誉。一般来讲,借款人的信誉越高,担保人的风险就越小,借款人提供的不动产抵押越充足,担保人的风险就越小。要想知道借款人的信誉高低,可以根据自己与借款人平时的接触来判断,还可以找与借款人有经营业务往来的人或其他熟人进行了解。

第二,如果不得不担保,你可以争取做一般保证人,只有一般保证人才可以行使先诉抗辩权,也就是债权人经过立案、起诉、判决生效,直到债务人财产被强制执行后仍不能全部履行债务的,债权人才能找一般保证人履行债务。

第三,了解并知道什么叫反担保[1]。如果存在反担保措施的,在担保人因清偿债务人的债务而遭受损失时,可要求债务人对担保人作出清偿。反担保可以更好地保护担保人的权益,实践中,专业的担保公司经常使用反担保保护自己的权益,大家可以学习一下。

担保对于担保人来说没有任何好处,大家切不可碍于亲戚、好友、同事、同学、上级的情面,不计后果盲目给别人做担保。

---

[1] 指第三人为债务人向债权人提供担保的同时,又反过来要求债务人(借款人)对自己(担保人)提供担保的行为,即为担保人提供的担保。

3. 不要随便签字

2019年1月的某一天,某县某建设工程项目的一个塔式起重机在进行拆卸作业时发生了一起坍塌事故,造成多人伤亡,事故直接经济损失达数百万元。事后经过行政机关调查发现,一个现场施工人员伪造塔式起重机工程技术资料,代替相关负责领导签字,对事故发生负有直接责任,建议移送司法机关依法追究其刑事责任。

在建设工程领域经常会发生普通员工因代签而被直接追究刑事责任的案件,可是直到现在还有很多人不以为意。他们认为,代签在施工中十分常见,领导让你签字,你能不签吗?在此特别强调一下,代签是大事,你的每一笔每一画都在承担着责任。

⚖ 法律解析

学过法律的人都知道，成年人千万不要随便签字。

第一，合同上不能乱签字，在这方面最需要注意的就是别人的贷款合同、借款合同、担保合同以及空白合同。

第二，劳动纠纷中，公司以不签字就不发工资当威胁，让你签自愿离职协议的，不要签字。公司拖欠工资，可以直接申请劳动仲裁，并额外多要经济补偿金。

第三，拆迁补偿协议的空白协议，千万不要签字。如果签了空白协议，补偿数额很可能达不到你的预期。

所以切记，人心叵测，不要随便签名，否则很可能损害自身的利益，甚至惹祸上身。

4. 拖欠货款，什么证据最好用？

王老板家里是经营水果礼盒生意的。2019 至 2020 年，王女士向王老板购买榴梿礼盒、进口车厘子等产品，总计赊账 20 多万元。2022 年，王老板在整理账目时发现王女士还有十七八万货款没有支付，便向王女士电话催要。王女士耍赖说自己没在王老板那里买过东西，根本就不认识王老板，更不愿支付货款。无奈之下，王老板只能到法院起诉，要求王女士支付拖欠的货款。王老板向法院提交了微信聊天记录的截图作为证据，但是开庭的时候，王女士不认可该微信聊天记录截图的真实性，法官当即要求王老板拿出手机提交微信聊天记录的原件，可王老板却表示存放聊天记录的手机在半年前被偷了，这些聊天截图是他好不容易在电脑相册中找到的。最终法院因王老板无法证明微信聊天记录截图的真实性而对此微信聊天记录不予采信，驳回了王老板的诉讼请求，王老板最后一分钱也没要回来。

⚖️ 法律解析

如何让微信聊天记录成为诉讼证据呢？朋友们请一定要妥善保管原始载体，做生意的人一定不要经常换手机。如果要换手机，请一定养成备份聊天记录的好习惯，同时不用的旧手机要找个安全的地方放好，以备不时之需，千万不要丢了。在司法实践中，微信聊天记录、微博、电子邮件、电子支付记录等，均属于电子证据；当事人以电子数据作为证据的，应当提供原件。原始载体包括储存有电子数据的手机、计算机或者其他电子设备等。当事人在提交微信聊天记录时，要提供使用终端设备登录本方微信账户的过程演示、聊天双方的个人信息界面，以及完整的聊天记录。

那拖欠货款，什么证据最好用呢？其实，欠条是最好用的，很多律师都认为欠条是债权债务关系最重要的证据。欠条是债务人向债权人出具的表示尚欠某物或者某款项的重要凭证，在原告能够提供欠条的情况下，被告一般很难推翻原告的主张。如果你的生意需要经常赊账，很多情况下来不及临时写欠条，为了今后能够收回欠款，请一定要找专业法律人士定制一本专用的欠条，这样才能不吃亏。

第三篇

抵押、借款、民间借贷要慎重

1. 抵押借款，这样出借才能保护自己

遇到别人向你借钱，出于各种各样的原因，你不好意思拒绝，但又担心对方不还钱，将来自己人财两空，这个时候该怎么办呢？你一定要记住，此时必须要求对方提供抵押物，并且必须办理抵押登记，领取他项权利证书，否则请立即拒绝对方。

我们来看一个案例。2019年，赵某因经营需要，向银行贷款170万元，按照银行的要求，赵某将自己坐落在县城繁华地段的房产抵押给了银行，并办理了抵押登记。后因生意失败，赵某未能如约归还贷款本息，银行不得不诉至法院，法院最终判决：一、赵某在十五天内归还银行欠款本金170万元及利息30万元；二、银行对抵押房产享有优先权。

法院判决生效后，赵某仍然没有履行还款义务，于是银行申请了强制执行。案件进入执行程序后，执行法官向赵某送达执行通知书等材料，并对其名下财产进行全面查询。经法院执行法官调查，赵某除抵押房产以外，再无其他可供执行财产。考虑到赵某欠款数额较大，抵押房产价值基本能够覆盖银行的债权，执行

法官决定处置抵押房产。其后，执行法官多次联系赵某，赵某均不配合，甚至玩起了失踪。为增强执行威慑力，执行法官将该案列入当年"执行风暴"夏季集中执行行动，加大了执行力度。赵某担心给孩子上学、参军、就业带来消极影响，因此一改之前的消极态度，第一时间从外地赶回来，找到执行法官，表示愿意配合法院拍卖抵押房产。为节约时间及成本，申请执行人和被执行人在充分考虑市场行情的前提下，对抵押房产进行议价，确定以170万元作为起拍价。因为价格合理，最终房屋以200万元的价格成交。由于该房产系赵某唯一住房，在执行法官调解下，申请人同意在拍卖款中保留10万元给赵某用于租房，申请人获得剩余190万元后，不再向赵某主张任何债权，双方的债权债务全清。

《民法典》第三百九十四条【抵押权的定义】为担保债务的履行，债务人或者第三人不转移财产的占有，将该财产抵押给债权人的，债务人不履行到期债务或者发生当事人约定的实现抵押权的情形，债权人有权就该财产优先受偿。

前款规定的债务人或者第三人为抵押人，债权人为抵押权人，提供担保的财产为抵押财产。

《民法典》第三百九十五条【抵押财产的范围】债务人或者第三人有权处分的下列财产可以抵押：

（一）建筑物和其他土地附着物；

（二）建设用地使用权；

（三）海域使用权；

（四）生产设备、原材料、半成品、产品；

（五）正在建造的建筑物、船舶、航空器；

（六）交通运输工具；

（七）法律、行政法规未禁止抵押的其他财产。

抵押人可以将前款所列财产一并抵押。

⚖ 法律解析

有人说，借钱这件事不能用法律来规制。说出这话的人十有八九是无赖。也有人说，借钱的人都不愿意还钱。很多把钱借出去，可是到现在还没要回来的人都表示认同。很多法律人士都不建议大家当出借人，因为打赢了官司也不一定能要回来钱。那么，在不得不出借的情况下，怎么才能保护自己的本金安全呢？一定要办理抵押登记。因为办理过抵押登记的房产不允许买卖，同时你的债权因为有物权担保，所以比其他没有物权担保的债权，有物权优先执行权。如果向你借钱的人到期不归还你的款项，你可以第一时间到法院起诉对方，并将抵押的房产查封，将来进入执行程序就有房产可以执行，你收回全部本金的可能性将大大增加。

2. 恋爱分手，之前写的欠条有用吗？

男女双方在恋爱时写了欠条，那这个欠条合法吗？钱能要回来吗？先来看一个案例。

2021年3月，在一场同学聚会上，小雪和小吕因为坐在一起而相识，互加了微信，经过几次约会后确立了恋爱关系，之后两人就开始同居生活了。

2021年10月小雪发现自己怀孕了，经过医院检查，竟然是宫外孕。小雪在2022年1月做了人工流产，住院期间的医疗费、手术费等各项费用都是她自己出的。在此期间，小吕对小雪不闻不问，甚至还提出了分手。小雪遭受了身体及精神上的双重痛苦，出院后就找小吕协商分手。因为害怕小雪到自己单位闹事，小吕向小雪出具了一张欠条，表示自愿支付10万元补偿费，并承诺于2022年6月18日前支付完毕。但小吕仅仅支付了3万元后，就把小雪的微信号、手机号都拉黑了，对剩余款项更是拒不支付。小雪不得已只能到法院起诉，要求小吕支付剩余款项并支付违约金。

小吕在法庭上答辩说，自己与小雪之间不存在经济往来，小雪提交法庭的"欠条"是双方分手时，自己因为害怕小雪到自己单位闹事，应她要求写的，欠条所指债权没有任何法律依据，金额过高且违背公序良俗，欠条应属无效，因此请求法院驳回小雪的诉讼请求。

法院在审理过程中查明：小吕和小雪2021年5月确立恋爱关系并开始同居生活。2021年10月小雪怀孕。因为是宫外孕，小雪于2022年1月去县城医院做了人工流产手术，支付了6800元费用。小雪流产后，经与小吕协商，小吕愿意给予小雪10万元的补偿，并于2022年3月2日给小雪出具了一份10万元的欠条。欠条注明：该10万元于2022年6月18日前向小雪支付完毕，如逾期未支付，按照10万元的5%向小雪支付违约金。同时欠条上还写明，这是对分手以及流产的补偿。出具欠条后，小吕仅向小雪支付了3万元，剩余款项一直没有支付。

法院认为，小吕向小雪出具的"欠条"，系原小吕双方同居期间因小雪怀孕流产，身体及精神受到损害的一种补偿，这张"欠条"是小吕真实意思表示，并不违反法律、行政法规的强制性规定，是合法有效的民事法律行为。小吕没有按约定的时间向小雪支付补偿，已构成违约，应承担相应的违约责任。对小吕提出的"该'欠条'无效""小雪提出的请求过高""小雪的请求没有法律依据"等抗辩意见，因未提交有效证据，且不符合法律规定，所以法院最终没有采纳。最终法院判决，小吕向小雪支付补偿费7万元，违约金5000元。

《民法典》第五百七十七条【违约责任】 当事人一方不履行合同义务或者履行合同义务不符合约定的,应当承担继续履行、采取补救措施或者赔偿损失等违约责任。

⚖ 法律解析

如果在这个案例中,小雪没有让小吕写欠条,小雪起诉到法院,法院会支持吗?一般情况下,小雪的直接损失还是能够酌情支持的,但是小雪应当举证自己的损失,如果小雪举证不了,就很难获得法院的支持了。假设小雪让小吕写一张200万的欠条,起诉到法院,法院会支持吗?通常情况下,法院会认定这个巨额欠条缺乏事实基础,小雪将很难拿到全部200万补偿。

综上，分手要补偿数额须合理并且留下必要的证据，太贪心最终可能什么都拿不到。值得注意的是，我国《民法典》中并没有分手补偿费或者恋爱青春补偿费的规定，热恋中的朋友一定要注意。

3. 男女恋爱期间一方给另一方的钱能要回来吗？

学过《民法典》的朋友们都知道，以缔结婚姻关系为条件而支付的彩礼，是一种婚约财产，如果双方终止恋爱关系致使结婚目的未能实现，则彩礼给付方可以要求另一方返还彩礼。如果收受方不退彩礼，给付方可以起诉到法院，法院也会酌情按比例判决收受方退还。在实践彩礼中有两个特点：一个是一次性支付，另一个是单次大额。那么在恋爱期间一方给另一方小额多次转的钱，需要退吗？我们来看一个案例。

小王和小谢都是"90后"，在一次朋友聚会上认识，后来确立了恋爱关系。恋爱期间，小王多次向小谢转账。其后双方因为性格不合而分手。小王想要小谢退还全部转账款，小谢表示拒绝，于是小王起诉到了法院。

小王在诉状中这样写道：本人和小谢原系朋友关系，自2019年10月至2020年5月，小谢通过转账、现金支付等形式多次向小王借款，数额累计3万元。经小王多次催要，小谢拒不偿还。小谢的行为侵害了小王的合法权益，故依法起诉，要求小谢退还上述款项。

小谢答辩称：小王所诉不属实，小王和本人系男女朋友关系。在处朋友期间，小王给小谢发过红包，但均系小王对本人爱慕的表达方式，应视为对本人的赠与。综上，本人和小王之前并不存在借贷关系，请求法庭依法驳回小王的诉讼请求。

小王与小谢一人一个说法，法院该听谁的呢？法院先是认定以下事实：

小王与小谢于2019年7月确定恋爱关系，于2020年5月结束恋爱关系。在恋爱期间，小王通过支付宝转账形式向小谢转款共计19574元，其中2019年10月3日以"520"的形式转账两次合计1040元、2019年10月8日转账3800元、2019年12月7日以"520"的形式转账15次合计7800元、2019年12月11日转账520元、2020年1月17日转账520元、2020年1月29日转账2000元、2020年2月20日转账3000元、2020年4月17日转账88元、2020年4月25日转账588元、2020年5月6日转账218元。上述款项小谢均已收到，且未偿还。

庭审中，小王主张以现金形式借给小谢10426元，但拿不出证据。法院根据上述事实，总结本案的争议焦点为小王给小谢的转账行为如何定性。第一，恋爱期间小王为表达其爱慕的情意给小谢转账代表特别含义的款项，如"520"、末尾数字为"8"的转账，是小王向小谢表达爱慕的一种方式，其目的在于增进双方感情，应视为恋爱期间小王对小谢的赠与。故对具有特殊含义的转账部分，不宜按照民间借贷处理，该部分款项的数额为10774元。

对于其他数额较大且不具有特殊含义的转账部分，因赠与合同属单务合同，对赠与事实的认定高于一般事实"具有高度可能性的"证明标准，在小王没有明确表示赠与的情况下，小谢应提供证据证实其主张，在其未提供证据的情况下，应认定为是小王和小谢在恋爱期间产生的经济纠纷，该部分借款应按民间借贷处理，数额为8800元，小谢应予以返还。最终法院判决小谢偿还小王借款8800元。

> **男朋友**
>
> 5月20日
>
> 宝宝，爱你哦
>
> 点击确认收款
> ￥5200.00
>
> 已收款
> ￥5200.00
>
> 谢谢宝贝，我也爱你哦！

⚖ 法律解析

男女在恋爱期间为了增进情感,难免会通过发红包、转账的方式来表达爱意。在司法实践中,恋爱中的一方给付另一方的"520""1314""888""666"等具有表达爱慕意义的特殊金额,一般会被认定为赠与[1],受赠一方无须返还。除此以外,如果给付的是现金,没有留下任何证据的,就算起诉也非常难追回,恋爱期间的朋友千万不要被爱情冲昏了头脑。

---

[1] 是赠与人将自己的财产无偿给予受赠人、受赠人表示接受的一种行为。比如男女朋友谈恋爱期间发 520、1314 的红包、赠送礼品,都是赠与行为。

4. 个人合伙为什么难处理？

我们先来讲一下什么叫个人合伙。个人合伙是指两个以上公民按照书面协议或者口头约定，各自提供资金、实物、技术等，合伙经营、共同劳动。实践中很多个人合伙都没有书面协议，加之账目混乱，一旦出现问题很难处理清晰，此类案件也是让法律专业人士最头疼的案件类型之一。如果留心观察，你会发现身边很多合伙做生意的，都不欢而散，这是为什么呢？我们来看几个案例。

案例一：小宇喜欢喝奶茶，看到别人开奶茶店生意好，她很羡慕，于是小宇就与某连锁品牌店签订了《饮品店加盟特许经营合同》。其后小宇向父亲借钱支付了加盟费、押金，并亲自选址装修开设了某品牌饮品店。小宇的同学小王看到她开店很红火，于是也过来帮忙，饮品店由小王与小宇共同管理，小王负责饮品店的账目并由其记录经营期间的流水账，小宇则负责日常经营。后来双方发生矛盾，小宇主张小王只是自己的会计，而小王则说自己和小宇是合伙关系，双方为了此事最终到法院打官司。

法院认为，小王主张其与小宇是合伙关系，提供不了书面合伙协议，更提供不了证实双方之间就合伙事项存在口头协议，因此不足以证实双方是合伙关系。

从这个案例可以看出，个人合伙过程中，如果签订书面合同，双方就是否系合伙关系发生纠纷时，主张双方系合伙关系的当事人对合伙事实负有举证责任，其在无其他证据能够证明双方系合伙关系的情况下应承担不利后果。

案例二：老邹与老李年轻的时候一起当过兵，退休后两人经常一起钓鱼，久而久之便萌生了开个渔具店的想法，于是两人一拍即合，合伙投资经营了一家渔具店。双方约定由老邹负责生产运营，老李负责各项支出的审核、审批工作，投资和利润均按6∶4的比例进行分成。因为两人都是钓鱼高手，对于渔具的销售经营也是信手拈来，两人都觉得挣了好多钱，但是在分钱的时候双方产生争议。老李诉至法院，要求分配合伙期间的利润。

法院经审理后认为，老李仅能提供其单方制作的投入清单，而老邹对此不予认可。且老李提供的相关账目就是个流水账，老李的笔迹也是相当潦草，因不符合记账规范导致无法审计，从而无法确定合伙盈亏。因此，法院认定应由老李承担举证不能的法律后果，最后判决驳回了老李要求分配利润的诉讼请求。

想要合伙的朋友们一定要注意对合伙账目的监督与管理，最好每个月都对账目进行对账，对账后所有的合伙人都要签字确认，以防发生纠纷时不讲诚信的人耍赖。

案例三：自2020年1月起，小黄和小陈两人开始一起做水果生意。开始的时候因为行情好,两人都赚到钱了。可是到了2022年3月,因为市场拆迁,小黄和小陈的生意一落千丈,双方商议后决定散伙。于是在2022年3月30日,小黄给小陈写了一个欠条,欠条的内容是:经双方清算,小黄欠小陈27000元,于2022年6月8日前归还,水果店内的账款和库存归小黄所有。因为账款不好要,库存又卖不出去,于是小黄拒绝给小陈27000元,小陈就起诉到了法院。法院经审理后认为,本案中,原、被告签订的《欠条》具有合伙清算的性质,系双方当事人的真实意思表示,且并不违反法律禁止性规定,当属合法有效。双方当事人应当按照约定履行,故小陈要求小黄偿付剩余款项的诉求合法,依法应予以支持,因此法院判决小黄立即偿还小陈27000元并支付相应的利息。众所周知,欠条是打官司的"证据之王",有欠条的一方获胜的机会会大大增加。

脆弱的个人合伙

《民法典》第九百六十七条【合伙合同定义】 合伙合同是两个以上合伙人为了共同的事业目的,订立的共享利益、共担风险的协议。

《民法典》第九百七十二条【合伙的利润分配与亏损分担】 合伙的利润分配和亏损分担,按照合伙合同的约定办理;合伙合同没有约定或者约定不明确的,由合伙人协商决定;协商不成的,由合伙人按照实缴出资比例分配、分担;无法确定出资比例的,由合伙人平均分配、分担。

《民法典》第九百七十八条【合伙剩余财产分配顺序】 合伙合同终止后,合伙财产在支付因终止而产生的费用以及清偿合伙债务后有剩余的,依据本法第九百七十二条的规定进行分配。

法律解析

合伙创业最好的结果就是善始善终。成功靠的是什么呢?靠的是归责。常言道,无规矩不成方圆。从上面的案例可以看出,合伙经营,第一,要有各方协商好的合伙协议;第二,要保持账目的清晰,经常对账十分有必要;第三,讲究好聚好散,散伙的时候一定要做好清算。清算协议或者清算欠条可以避免今后的很多纠纷。

5. 借款时写借条还是欠条？借条和欠条有什么区别？

老李的同学老赵因为生意失败破产，现在急需资金周转。于是老赵找到老李，想借 10 万元的本金，一年后连本带息归还。老李念及同学情谊，想帮老赵一把，同时希望老赵能够说到做到，一年后按时归还。于是老李找到自己的律师朋友，想让他帮忙写个法律文书，借条、欠条或者是借款合同都可以，只要有法律效力，在法律上有个保障就行。老李还咨询了律师很多问题：老同学借我钱，我让他写一个借条还是写一个欠条呢？如果写了条，这个条的有效期是多久？是不是过了有效期，这个条就作废了呢？

《民法典》第六百六十七条【借款合同定义】 借款合同是借款人向贷款人借款，到期返还借款并支付利息的合同。

　　《民法典》第六百六十八条【借款合同形式和内容】借款合同应当采用书面形式，但是自然人之间借款另有约定的除外。

　　借款合同的内容一般包括借款种类、币种、用途、数额、利率、期限和还款方式等条款。

　　《民法典》第六百七十四条【借款人支付利息的期限】借款人应当按照约定的期限支付利息。对支付利息的期限没有约定或者约定不明确，依据本法第五百一十条的规定仍不能确定，借款期间不满一年的，应当在返还借款时一并支付；

借款期间一年以上的，应当在每届满一年时支付，剩余期间不满一年的，应当在返还借款时一并支付。

《民法典》第六百七十五条【借款人返还借款的期限】借款人应当按照约定的期限返还借款。对借款期限没有约定或者约定不明确，依据本法第五百一十条的规定仍不能确定的，借款人可以随时返还；贷款人可以催告借款人在合理期限内返还。

《民法典》第六百七十六条【借款人逾期返还借款的责任】借款人未按照约定的期限返还借款的，应当按照约定或者国家有关规定支付逾期利息。

《民法典》第六百八十条【禁止高利放贷以及对借款利息的确定】禁止高利放贷，借款的利率不得违反国家有关规定。

借款合同对支付利息没有约定的，视为没有利息。

借款合同对支付利息约定不明确，当事人不能达成补充协议的，按照当地或者当事人的交易方式、交易习惯、市场利率等因素确定利息；自然人之间借款的，视为没有利息。

⚖ 法律解析

以上是《民法典》对于借款合同的法律规定，借条是简易的借款合同。

对于借条和欠条，大家有很多疑问，我们先讲一讲借条与欠条的区别：

第一，形成原因不同。借条是基于双方的借贷关系而签订的；欠条可以是因为买卖、劳务、租赁等法律关系而产生的欠款。

第二，举证责任不同。借条债权人只需要说明借款事实，一般对方很难抵赖；而欠条，如果对方否认的话，债权人还需要进一步证实存在欠款事实。所以借款时宜写成借条，而不宜写成欠条。

第三，诉讼时效不同。如果借条和欠条都约定了还款时间，那么诉讼时效都为3年；如果没有约定还款时间，借条的诉讼时效最长不超过20年，而欠条的诉讼时效是从签订之日算起，为3年。

借条或欠条没有有效期的说法，只有诉讼时效的说法。只要签订的借条或欠条内容合法、形式合法，那么借条或欠条就是有效的。

如果过了诉讼时效，我们的借条或欠条就失效了吗？

并不能这么理解，因为即使过了诉讼时效，你依旧可以去法院立案起诉，而且法律规定法院的法官不能主动适用诉讼时效，所以如果借款人或欠款人没有来参加庭审，或者来参加庭审以后没有以诉讼时效进行抗辩的话，即使你的借条或欠条过了诉讼时效，也照样可以胜诉。如果借款人以诉讼时效进行抗辩，债权人就有可能丧失胜诉权。总而言之，提醒大家要积极主张自己的债权，以免过了诉讼时效，影响到自己的合法权益。

6. 砍头息是什么？利息可以预先从本金当中扣除吗？

在讲这个问题之前，首先要给大家讲一下，如果借条当中没有约定利息，那么法院会怎么判？是按照银行同期贷款利率判决支付利息吗？不是的。

法律对这方面有明确规定：借贷双方没有约定利息，或者自然人之间借贷对利息约定不明，出借人无权向借款人主张支付借款期限内的利息。所以如果想要利息，请把利息写在借条上。

下面跟大家讲一下什么叫砍头息。

小马咨询律师：我借了别人 2 万元，写了个 2 万元的借条，但是我只收到了 1.5 万元，其中 5000 元作为利息预先扣除了。那么将来债权人持 2 万元的借条去法院起诉我，我是应该还 2 万元呢，还是应该还 1.5 万元呢？答案是：应该还 1.5 万元。

> 《民法典》第六百七十条【借款利息不得预先扣除】借款的利息不得预先在本金中扣除。利息预先在本金中扣除的，应当按照实际借款数额返还借款并计算利息。

⚖ 法律解析

　　法律明确规定，预先在本金中扣除利息的，也就是大家常说的"砍头息"，人民法院应当将实际出借的金额认定为本金。

　　所以，建议朋友们遇到砍头息这种情况，注意搜集保留录音、录像，或者是让对方直接通过银行转账的方式给你交付款项。这样债权人将来起诉你的时候，可以把这些都作为证据，从而进行强有力的抗辩，维护自己的合法权益。

7. 只有借条没有转账记录，怎么办？

小刘咨询说："我只有借条，但是没有银行转账记录，怎么办？万一对方抗辩说没有收到我的款项，我这笔钱还能要回来吗？"这确实是摆在实务面前的一个难题，一旦法院未能识别，支持了对方的抗辩理由，不但无法化解纠纷，反而进一步激化了当事人之间的矛盾，极易引发和激化社会冲突。

实务中，法院会如何审查呢？法院会看原告方提供的证据。那么，如果没有银行转账记录，一定要搜集录音录像、证人证言、聊天记录来佐证交付款项的事实。但是有的朋友又要问了，我确实只有一张借条，借款人不接电话，人也找不到，搜集不到任何其他佐证。

这时候法院就会结合借贷发生的原因、时间、地点、款项来源、交付方式、款项流向以及借贷双方的关系、经济状况等事实，综合判断是否属于交付过款项，借贷关系是否成立。

⚖ 法律解析

（一）别人欠钱不还，又联系不上，该怎么办？

第一，把你们的转款记录、聊天记录、通话记录全部保存好，证明对方欠钱；

第二，去你所在地的法院起诉。1万元钱收取25元诉讼费；

第三，对方来不来开庭都没有关系，不来的话法院可以缺席审理，直接判决；

第四，拿到判决再不还钱，去法院申请强制执行，查封对方的房子、车子、股票，甚至连工资卡、微信、支付宝都不要放过。如果还是拿不到钱，法院会将其拉入黑名单。这样对方就坐不了高铁、坐不了飞机、出不了国、贷不了款、买不了房，孩子上不了私立学校，连考公务员都会有困难。

（二）一人失信，牵连全家

欠债不还者，将会受到以下限制：

1. 唯一住房将会被拍卖；

2. 法院可对其虚拟账户进行查封、冻结、划拨财产，影响信用等级，贷款也会受到限制；

3. 失信人不得成为企业老板、高管；

4. 失信人水陆空出行皆受阻，包括车辆无法上高速；

5. 高消费被驳回，限制炒股、买房、出境；

6. 养老金等固定收入可直接划扣；

7. 失信人夫妻共同财产也可执行；

8. 此外，失信人的子女也受到限制，他们将无法上私立学校、大学、考公务员、军校以及航空院校可能会为他们关上大门，即使是未成年子女名下的房产也可强制执行。

正义也许会迟到，但永远不会缺席。失信人唯一的办法就是立即结清欠款。

（三）被列入失信被执行人名单（老赖黑名单）会有哪些后果？

有了法院生效判决以后，如果被告仍没有在指定期间履行生效法律文书确定的给付义务，执行人可以申请将被执行人列入"失信被执行人名单"，也就是我们通常所说的"老赖名单"。

被列入老赖黑名单后会有哪些后果呢？

人民法院会向失信被执行人送达限制消费令，对失信被执行人采取限制消费的措施，限制其实施高消费及非生活和工作必需的消费行为。详细列举如下：

1.乘坐交通工具时，禁止选择飞机、列车软卧、轮船二等以上舱位；

2.禁止在星级以上宾馆、酒店、夜总会、高尔夫球场等场所进行消费；

3.禁止购买不动产或者新建、扩建高档装修房屋；

4.禁止租赁高档写字楼、宾馆、公寓等场所办公；

5.禁止购买非经营必需车辆；

6.禁止旅游度假；

7.禁止子女就读高收费私立学校；

8.禁止支付高额保费购买保险理财产品；

9.禁止乘坐G字头动车组列车全部座位、其他动车组列车一等以上座位等其他非生活和工作必需的消费行为。

如失信被执行人因生活必需而要进行前述禁止的消费活动的，应当向法院提出申请，获批准后方可进行。

如违反限制消费令，人民法院可对失信被执行人予以罚款、拘留；情节严重，构成犯罪的，依法追究刑事责任。

（四）有九种债务确实不用还，千万别当冤大头

1.高利贷不用还。中国人民银行授权全国银行间同业拆借

中心公布1年期贷款市场报价利率（LPR），法律规定民间借贷利率上限为借款合同成立时一年期贷款市场报价利率的4倍，即LPR的4倍。比如借款10000元，一年下来最高利率是LPR的4倍，超过部分属于高利，可以不用还。

2. 夫债妻不还。丈夫在外欠下的债务，妻子不知情，也没有签字，丈夫把钱挥霍了，这属于他的个人债务，妻子可以选择不还。

3. 父债子不还。父亲欠的债务跟儿子没关系，由父亲自行偿还。

4. 子债父不偿。成年子女在外欠的债务，也跟父亲没关系，由成年子女自行偿还。

5. 赌债不用还，嫖资不用给。这两项都属于违法行为，违法债务，不受法律保护。

6. 婚前债务不用还。婚前债务属于一方的个人债务，即使结婚了，另一半也没有义务替他偿还。

7. 砍头息不用还。比如借款1万元，到手只有7000元，提前扣除的3000元就是砍头息，还的时候只需要还实际到手的7000元本金和合法的利息。

8. 冒名贷款不用还。你的个人信息泄露后，被不法分子拿去申请贷款，你对此毫不知情，又非你本人操作，这类贷款不用还，立即报警处理。

9. 套路贷不用还。套路贷是一些非法机构通过欺骗、诱导等手段，让你拆东墙补西墙，最后利滚利让你无力偿还的违法行为。遇到套路贷直接报警，无须偿还。

> 根据《最高人民法院关于审理民间借贷案件适用法律若干问题的规定》第二十五条的规定：出借人请求借款人按照合同约定利率支付利息的，人民法院应予支持，但是双方约定的利率超过合同成立时一年期贷款市场报价利率四倍的除外。

前款所称"一年期贷款市场报价利率"，是指中国人民银行授权全国银行间同业拆借中心自2019年8月20日起每月发布的一年期贷款市场报价利率。

8. 如何鉴别网贷平台发送的法院传票、律师函、公安立案通知书的真伪？

如何鉴别网贷平台发送的法院传票、律师函、公安立案通知书的真伪呢？这里需要给大家讲解一下，法院的传票、律师函、公安的立案通知书一般都会以书面的形式发送给你，而且会加盖公章。

而伪造的文书一般会有这么几个共同点：通过私人手机号给你发送信息，一般在法律文书最后都会留有他们的私人手机号或者微信联系方式，而且不会加盖公检法机关及律师事务所的公章。不是他们不愿意加盖，而是因为这样做的话可能会涉及私刻伪造印章等违法犯罪行为。

发送这些文书的主体应该是法院、律师事务所、公安机关，一般情况下，网贷公司发送的法律文书材料，统统是假的。

⚖ 法律解析

遇到网贷平台恶意催收怎么维权?

经常有朋友会问,遇到网贷平台恶意催收,给我的亲属、朋友发送一些欠债不还的短信,更有甚者,将照片、身份证件等用修图软件加上一些侮辱诽谤的言论。这些情况下,该如何维权呢?这里给大家介绍几种维权的途径:

1. 情节严重的,可以向公安机关报警,控告其诽谤。

2. 向互联网金融举报信息平台投诉这个网贷平台。

3. 查询网贷平台的公司注册信息,包括它的公司全称、地址、法定代表人、企业统一信用代码等信息,然后去法院起诉主张其侵犯名誉权,要求其赔礼道歉、消除影响、赔偿精神损失费。

4. 拉黑。告诉你的亲戚朋友,把他们拉黑。

9. 赌债合法吗？欠了赌债是否要还？

《最高人民法院关于审理民间借贷案件适用法律若干问题的规定》第十三条规定出借人事先知道或者应当知道借款人借款用于违法犯罪活动仍然提供借款的，人民法院应当认定民间借贷合同无效。在审判实践中，出借人明知借款人是为了进行非法活动而借款的，其借贷关系不予保护。也就是说，立法者反对因赌博使人遭受损害，通过"赢者不得向输者提起诉讼索取赌债，输者给付后不得请求返还"的规则以示惩戒。言外之意就是告诉老百姓，好好过日子，努力工作挣钱，不要投机取巧、参与赌博。

这讲的是法律规定。在实践中打官司，我们就得看证据了。最好的证据就是借条上显示借款是用于赌博，当然一般出借人没这么傻。其次就是有现场参与赌博，现场给你放贷的录像。当然，一般也没有哪个赌局这么傻，自己给自己录像，留下证据，好让公安机关追究他们开设赌场罪。如果搜集不到上述证据的话，实践中仅凭一些录音或者聊天记录，证据的说服力还是很低的，想让法院支持借款人的主张的话，也是很困难的。所以还是要提醒

朋友们，远离赌博，珍爱家庭，珍惜自己来之不易的辛苦钱。

10. 信用卡透支不还，不一定构成信用卡诈骗罪

2018年11月28日最高人民法院、最高人民检察院出台了《关于修改＜关于办理妨害信用卡管理刑事案件具体应用法律若干问题的解释＞的决定》，对信用卡诈骗罪中恶意透支信用卡的认定作出了大幅度调整。

首先，对恶意透支型信用卡诈骗罪的数额标准调至原数额标准的5倍，也就是恶意透支数额在5万元以上，才构成数额较大的标准，才有可能涉嫌信用卡诈骗罪；透支信用卡5万元以下的都属于民事纠纷，不会被追究信用卡诈骗罪的刑事责任。

其次，对于是否以非法占有为目的，应当综合持卡人信用记录、还款能力和意愿、申领和透支信用卡的状况、透支资金的用途、透支后的表现、未按规定还款的原因等情节作出判断。不得单纯依据持卡人未按规定还款的事实认定非法占有目的。

最后，认定发卡银行是否进行了"有效催收"，是判断是否构成恶意透支的要件之一。

催收同时符合下列条件的，应当认定为本解释第六条规定的

"有效催收"：

（一）在透支超过规定限额或者规定期限后进行；

（二）催收应当采用能够确认持卡人收悉的方式，但持卡人故意逃避催收的除外；

（三）两次催收至少间隔三十日；

（四）符合催收的有关规定或者约定。

对于是否属于有效催收，应当根据发卡银行提供的电话录音、信息送达记录、信函送达回执、电子邮件送达记录、持卡人或者其家属签字以及其他催收原始证据材料作出判断。

发卡银行提供的相关证据材料，应当有银行工作人员签名和银行公章。

11. 刚买的二手房还没过户就被查封了该怎么办？

当你辛辛苦苦找房、看房、签完二手房买卖合同之后，请先别放松警惕，一定要调查一下卖家是否身陷债务纠纷，是否有需要偿还的债务。如果真有这种情况，很可能你刚付完首付款的房子，没来得及过户就被法院查封了。我们来看一个案例。

2019年8月，老赵的儿子准备结婚，经过好几个月找房和看房，老赵看上了一套准新二手房。这套房子有130平方米，报价270万元，四室两厅，户型非常好，位置相当不错，周围的生活环境也非常好。于是老赵和老伴拿出自己的全部存款帮儿子凑了个首付。

原房主小温是在2018年开发商刚开盘的时候买的房，因为着急用钱，刚交房就转手出售。美中不足的是，房子只是做了商品房备案，还没下产权证，因此暂时不能过户。房产中介也说，同小区很多房子在出售，买二手房不是新房，没有房本先交易再过户的事很常见，让老赵两口子别担心。在中介的撮合下，房主自愿再降价15万。2019年11月11日，老赵的儿子与小温签订了二手房屋买卖合同，合同约定房屋总价款255万元，其中首付款55万元，剩余款项待办理过户手续时再支付。其后，老赵拿到了房子钥匙，开始装修房子，并很快办理了入住。

2020年快过中秋节的时候，物业公司在小区群里通知办理产权证，老赵赶紧联系小温协助过户，此时小温已经不接电话了。经过多方打听老赵才知道，原来小温家是因为欠了债才低价卖这套房子的。

小温是做钢材生意的，因为生意不景气而四处借钱，他以房子作为担保，向好几个人借款300多万元，并承诺不能还清借款会以房子抵债。可是后来小温又沾染上了赌博恶习，老赵交给他的首付款早就被他在网上赌博输光了。

2020年3月，其中一位债权人提起民间借贷诉讼，并向法院申请财产保全，查封了这套房屋，致使这套房子不能办理房产证，更无法过户到老赵儿子名下。在了解房产被查封的原因后，老赵信心满满地认为："房子就是我们的，白纸黑字的合同在那里摆着，小温欠债让他自己去还，跟我们家的房子有什么关系？"

在网上搜索案例后，老赵立即让儿子到法院提起案外人执行异议之诉，请求法院解除对涉案房屋的查封、停止执行涉案房屋。但因老赵儿子尚未付清房子全款，法院认为老赵儿子对涉案房屋还不具备完全的权利，法院限期15日内将尾款200万元交到法院。正在此时，另一位债权人也在法院对小温提起诉讼并申请财产保全，把房子轮候查封。此时老赵心里彻底没底了，查封一个接一个，剩下的200万元老赵两口子也不敢交了。最终，老赵一家没有按时交纳尾款，被法院驳回诉讼请求，错失了保住房子的机会。

⚖ 法律解析

如果你在二手房买卖过程中遭遇房屋被法院查封的情况，一定要在第一时间停止支付首付款。如果你支付了大量资金，甚至支付了全款，应当立即跟法院的执行法官沟通，全面了解查封情况。如果不想放弃房子，一定要及时提起案外人执行异议，通常情况符合以下情形的可以对抗债权人的查封：第一，在法院查封之前，已签订合法有效的书面买卖合同；第二，在法院查封之前，已合法占有了房屋；第三，买家已支付全部购房款，或已按照合同约定支付部分价款且将剩余价款按照法院的要求交付执行；第四，不是买家自身原因导致不能办理过户登记。此外，提醒想买二手房的朋友，遇到过于低于市场价的二手房，在购买时一定要小心，遇到还没办理房产证的二手房一定要谨慎购买。

第四篇

保护好自己的劳动权

1. 公司可以强制调岗吗？

劳动者的工作岗位、工作内容及工作地点，是劳动合同的必备内容。根据《劳动合同法》规定，如果用人单位调整员工的工作岗位，需要与员工协商一致，并且变更劳动合同。

你在工作中遇到过被调岗的问题吗？你愿意被调岗吗？公司作为用工主体能否强行调岗？

赵某系某科技公司的员工，于 2019 年 7 月 20 日入职，当时签署了劳动合同，合同期限自 2019 年 7 月 20 日至 2022 年 10 月 30 日，工作地点位于深圳罗湖区，工作岗位为手机研发管理部研发管理岗，月薪 15800 元。

赵某签署的是公司提供的制式合同，合同中约定：赵某根据甲方的需要，从事专业职能类相关工作，甲方有权根据工作需要或乙方个人能力对乙方的岗位、职级、权责及劳动关系进行调整，甲方单方面调整乙方工作岗位的，岗位调整决定应当以书面形式通知乙方，乙方在接到甲方岗位变更书面通知后，应当按通知书规定日期到岗工作，未按时到岗位工作的，每逾期一天，按旷工一日处理，构成严重违纪的，甲方有权单方面解除与乙方的劳动合同。

2022年7月30日，该公司以消费类手机业务饱和、组织架构调整为由，将赵某调至电脑项目部研发管理岗位工作，调岗后薪酬福利标准暂维持不变，同日公司向赵某本人电子邮箱发送了电子版的《员工调岗通知书》，向赵某居住的地址也发送了书面的《员工调岗通知书》。通知书载明：以上调动于2022年8月15日生效，赵某应当于2022年8月15日上午9时30分前至调入部门报到。赵某收到上述通知后就向公司回复称，因调动后的岗位与目前的差别较大，新岗位和自己的手机通信专业不一致，不同意调动。

转眼就到了2022年8月15日，赵某未按要求到电脑项目部研发管理岗位工作，也没有回到原部门上班。2022年8月15日、2022年8月20日、2022年8月25日，公司先后三次向赵某发送旷工提醒通知，赵某均未回复，也不来公司上班。2022年9月1日，公司向赵某下达了《解除劳动合同通知书》。赵某收到《解除劳动合同通知书》后立即向深圳市某区劳动人事争议仲裁委员会提起劳动仲裁。2022年9月1日，仲裁委员会作出裁决，并未支持赵某的仲裁申请。

劳动仲裁认为：第一，公司与赵某在《劳动合同》中曾约定公司有权根据工作需要或赵某个人能力对赵某的岗位、职级、权责及劳动关系进行调整。虽合同中仅约定公司单方面的调整权利，但从实际调整来看，公司为推进组织架构调整，对赵某工作岗位进行调动，并未改变赵某的工作职责和待遇，且变更后的办公地址与原办公地址均在同一个科技园区的同一栋办公楼，并没有对赵某的工作、生活造成实质性影响；赵某不愿意调整岗位系认为调整后的岗位和自己的大学专业不一致，且认为未来电脑的发展不如手机好，今后自己的薪酬有可能降低而不愿意调整岗位，因此赵某的请求不具备合理性。第二，用人单位根据自身的经营需要，进行必要的组织架构调整而导致劳动者工作岗位调整或者工作地点的变更是否属于《劳动合同法》第四十条第三项规定的"劳动合同订立时所依据的客观情况发生重大变化，致使劳动合同无法履行"的情形，需要考量公司对劳动者的岗位调动后，工资待遇是否降低或者变相降低，是否实际变更了工作职责，工作地点变动是否属于合理范围、通勤便利程度如何、是否增加交通补贴、是否属于合理合法行使用工管理权利的情况等因素。

在本案中，赵某的工资待遇并未发生变化，工作地点也没有实质变更，因此赵某的请求不具备合理性。故劳动仲裁认为，公司对赵某的工作调整较合理，属于合法行使用工自主权的行为。赵某不愿意调整工作岗位和地点，可向公司提出相关请求，但其自身仍负有继续遵守规章制度、继续履行劳动合同的义务。且公司已经采取适当措施降低岗位调整对赵某的不利影响，2022年8月15日后，公司多次催告，赵某仍然未按要求上班，违反了劳动合同的约定，属于公司考勤制度规定的严重违纪，符合公司予以解除劳动合同的情形，故公司作出的解除劳动合同决定，并无违法之处，无须向赵某支付经济补偿金。

⚖ 法律解析

实践中，什么情况属于单位违法调岗呢？其实在案件审理中，劳动仲裁的仲裁员、法院的审判法官一般会考虑下面六个因素：

1.是否基于用人单位生产经营需要；

2.是否属于对劳动合同约定的较大变更；

3.是否对劳动者有歧视性、侮辱性；

4.是否对劳动报酬及其他劳动条件产生较大影响；

5.劳动者是否能够胜任调整后的岗位；

6.工作地点作出不便调整后，用人单位是否提供必要协助或补偿措施等。

最后给大家提个醒，如果单位口头通知你调岗，而你超过一个月未主张任何异议就去新的岗位上班了，事后再反悔，法院也不会支持。

2. 员工开车出事故，用人单位需要担责吗？

员工开着单位的汽车发生交通事故，给别人造成了损失，那这个损失是由员工承担还是由单位承担？我们来看一个案例。

吴先生是 A 市某牧业有限公司的职员。2021 年 8 月的某一天晚上，吴先生驾驶着公司的重型仓栅式货车，在 A 市某条路上由西向东行驶，与在路边由西向东掉头的张先生驾驶的无号牌三轮电动车相撞，发生交通事故，当时张先生车上还坐着他的妻子关女士。巨大的撞击造成关女士严重受伤。关女士被立即送往某医院进行救治，经该医院诊断，事故造成关女士蛛网膜下腔出血、肋骨骨折、面部肿胀、唇裂伤和第四腰椎左侧横突骨折等损伤。其后，关女士共计住院 23 天。

此事故发生后，当地交警出具《道路交通事故认定书》认定：吴先生承担同等责任，张先生承担同等责任，关女士无责任。

A 市某牧业有限公司认为，是吴先生开车造成关女士受伤，所以应当由吴先生赔偿；而吴先生认为，自己是公司员工，不应该由自己承担赔偿。因为赔偿问题一直解决不了，关女士只能起诉到法院。关女士受伤很严重，经某法医司法鉴定所鉴定为十级伤残。

法院认为，公民的生命权、身体权、财产权受法律保护，本起交通事故经相关部门作出道路交通事故认定书认定吴先生与张先生承担同等责任，原告关女士无责任，该事故责任认定书已发生法律效力。因被告吴先生驾驶的肇事车辆在某保险公司投保了交强险及商业第三者责任险，交通事故发生在交强险期限内，且原告关女士及某保险公司均同意被告吴先生在本案中不承担赔偿责任而由被告A市某牧业有限公司承担相关责任，故应由被告A市某牧业有限公司在本案中负担民事赔偿责任。首先应由某保险公司在交强险及第三者责任险赔偿限额内赔偿，超出保险限额的部分再由被告A市某牧业有限公司按事故责任比例负担赔偿。因为本案中交强险剩余限额能够足额赔偿原告关女士的各项合理经济损失，故被告吴先生及被告A市某牧业有限公司在本案中不承担民事赔偿责任。

⚖ 法律规定

《民法典》第一百七十六条【民事义务与责任】 民事主体依照法律规定或者按照当事人约定,履行民事义务,承担民事责任。

《民法典》第一百七十七条【按份责任】 二人以上依法承担按份责任,能够确定责任大小的,各自承担相应的责任;难以确定责任大小的,平均承担责任。

《民法典》第一百七十九条【连带责任】 承担民事责任的方式主要有:

(一)停止侵害;

(二)排除妨碍;

(三)消除危险;

(四)返还财产;

(五)恢复原状;

(六)修理、重作、更换;

(七)继续履行;

(八)赔偿损失;

(九)支付违约金;

(十)消除影响、恢复名誉;

(十一)赔礼道歉。

法律规定惩罚性赔偿的,依照其规定。

本条规定的承担民事责任的方式,可以单独适用,也可以合并适用。

⚖️ 法律解析

如果发生交通事故时员工不是在履行工作任务，用人单位还需要替员工承担赔偿责任吗？

在实践中，用人单位是否承担责任的前提，在于该单位的工作人员事发时是否在履行职务。

在本案中，吴先生是在工作过程中发生的事故，所以，单位应当承担相应的赔偿责任。如果员工是在工作结束后或者在工作过程中进行与工作内容无关的活动，相关责任则应由员工自行承担。

3. 发生工伤，我们该怎么办？

有朋友问："我在公司上班的时候割到手了，公司什么也不管，不承认跟我存在劳动关系，因为我们之间没有签订劳动合同。现在医疗费已经花了 10 万元，该怎么办？"

没有签订劳动合同，也没有给员工入工伤保险，用人单位存在很大的过错。

下面我们讲一下该如何维权：

发生工伤事故后，应先到医院就医。劳动者应注意保存相关证据，如与用人单位签订的劳动合同书、工资收入证明、用人单位发放的上岗证、工作服等，这些证据都可以证明劳动者与用人单位存在劳动关系。没有劳动合同的，需要搜集证明事实劳动关系的证据到劳动争议仲裁委员会申请仲裁，确认存在劳动关系。然后在一年内向用人单位所在地劳动行政部门申请工伤认定，待工伤认定结论出来后，如果伤情不是很严重，如没有骨折、身体器官缺失等，可以和用人单位协商相关赔偿事宜。协商不成的，应及时到用人单位所在地劳动能力鉴定委员会申请劳动能力鉴定，待到劳动能力鉴定结论出来后，持劳动争议仲裁申请书、工伤认定结论书和劳动能力鉴定结论书到用人单位所在地劳动争议仲裁委员会申请仲裁，要求用人单位支付工伤保险待遇。对仲裁结果不服，可以依法向用人单位所在地人民法院起诉。

4. 走工伤认定程序一定能多拿赔偿吗？

老王今年59周岁。前两年家里拆迁，得了两套房，一套出租，一套自住，户口也迁到了城市。他因为闲不住，也为了给儿子结婚准备彩礼，跟着同村的包工头在省会的一家工地做木工。有一天，老王正在用电锯切割生态板，工地突然停电了，于是他就过去看看电锯是怎么回事。老王把脸移动到电锯前的时候又突然来电了，猛地一通电，电锯就飞起来一下子划伤了老王的眼睛。

事故发生后，工友们赶紧把老王送到了医院。经过医院的治疗，虽然眼睛保住了，但是老王的视力严重下降。老王听工友说，这叫工伤，可以要求施工单位走工伤认定来赔偿。于是老王就找到了包工头，让包工头跟单位谈。施工单位的负责人觉得老王不容易，这么大的年纪还出来上班，于是就帮他申请了工伤认定。很快，工伤认定书下来了，老王的眼睛经过鉴定构成了工伤八级。拿到鉴定后老王去找施工单位索要赔偿，施工单位给他算了一个赔偿清单，单看赔偿清单的前几条，老王就傻眼了。

原来，在老王鉴定成八级工伤的情况下，一次性工伤医疗补助金和一次性伤残就业补助金这两项只能拿到别人的十分之一，而别人却能拿到 16 个月的社平工资（社会职工的平均工资的简称）。这是怎么一回事呢？原来是老王年纪太大了，距离退休年龄不足一年，按照河北省当地的规定，赔偿数额要比年轻人低很多。

法律解析

有些情况下，工伤赔得并不比人身损害赔偿多，特别是在受伤害的人年纪较大的情况下。其实，在有包工头的前提下，农民工在工地受伤害，申请工伤赔偿是一条思路，直接按照雇佣关系索要人身损害赔偿也是一条思路。究竟选哪一条路，一定要考虑清楚。非常有必要找专业人士计算两份赔偿清单，一个是人身损害的赔偿清单，另外一个是工伤的赔偿清单。大家要知道，一般情况下在同一地区，一个1岁的人和一个59岁的人遭受人身损害，残疾赔偿金赔偿的标准是一样的，只要受害人的年纪没有超过60周岁，都可以获得正常的残疾赔偿金。

在上面这个案例里，假如老王的月工资标准是5000元。如果按照工伤八级索赔，他获得的一次性伤残赔偿金是11个月的本人工资，这部分合计55000元，而一次性工伤医疗补助金和一次性伤残就业补助金加在一起才1.6个月的社平工资（按照2021年的标准，当地社平工资不到6000元），再加上误工费、护理费什么的，其实最终赔偿也没有多少钱。反观人身损害赔偿，如果老王伤残鉴定也是八级的话，单独伤残赔偿金一项就高达238746元（2021年河北省城镇居民人均可支配收入为39791元，八级伤残按照20年城镇居民可支配收入总和的30%的比例计算），即便老王自己要承担30%的责任，单独残疾赔偿金一项可能就比工伤全部的赔偿要多得多。

《河北省工伤保险实施办法》第三十四条 五级至十级工伤职工按《条例》有关规定与用人单位解除或者终止劳动、人事关系的，由工伤保险基金支付一次性工伤医疗补助金，并由用人单位支付一次性伤残就业补助金。一次性工伤医疗补助金标准为解除或者终止劳动、人事关系时本省上一年度职工月平均工资的44个月至8个月工资，其中：五级44个月，六级38个月，七级26个月，八级20个月，九级

14个月，十级8个月；一次性伤残就业补助金标准为解除或者终止劳动、人事关系时本省上一年度职工月平均工资的22个月至4个月工资，其中：五级22个月，六级16个月，七级10个月，八级8个月，九级6个月，十级4个月。

五级至十级工伤职工需要安装配置伤残辅助器具的，按省社会保险行政部门规定的标准，由工伤保险基金一次性支付伤残辅助器具的安装配置费用。

工伤职工终止或者解除劳动、人事关系时，距法定退休年龄不足5年的，一次性伤残就业补助金按每减少1年递减百分之二十的标准支付；距法定退休年龄不足1年的，一次性伤残就业补助金按规定标准的百分之十支付。工伤职工达到法定退休年龄办理退休手续的，不享受一次性工伤医疗补助金和伤残就业补助金。

⚖ 律师提醒

工作时，不小心受到伤害，特别是比较严重的伤害，如何最大限度地获得合法的赔偿呢？这是一个十分复杂的问题，千万不要在网上随便搜索解决方案或者轻易听信非法律人士的非专业意见。如果一步走错，你获得的赔偿，就有可能大打折扣。大家如果在工地上受到了伤害，请一定要在第一时间咨询专业的法律人士，选择对自己最有利的维权途径。

5. 用微信加班死亡算工伤吗？

某公司员工因为工作岗位的特殊性，经常下班后用微信回复工作信息。2020年某个工作日的晚上，这名员工在家中突发疾病倒地，救护车到场后宣告死亡。他在工作微信群里最后的发言时间是19时22分，其离世时间是19时40分左右，中间间隔只有18分钟。微信聊天记录显示，事发当天下班回家后，其通过微信沟通工作事宜。该员工的妻子认为自己的丈夫下班后还在用微信加班，与同事、客户洽谈工作，据此向社保局提出工伤认定申请，但是社保局认为此次事件与《工伤保险条例》所规定的"工作时间、工作地点、工作原因"等工伤认定三大要素稍有出入，因此不予认定。

于是，妻子起诉到了法院，一审法院认为丈夫死亡时不在上班时间、岗位，因此不予认定为工伤，驳回了妻子的诉讼请求。妻子不服一审判决又上诉到中级人民法院。二审法院认为，为了单位的利益，职工下班后继续占用个人时间在微信上处理工作事项，属于《工伤保险条例》规定的"工作时间和工作岗位"的延伸，其间突发疾病死亡的,应当视同工伤。二审判决撤销了一审判决,并责令社保局对丈夫的工伤认定重新作出处理。

近几年发生过电商平台员工猝死、外卖骑手送单途中猝死、科技公司员工猝死以及某汽车公司员工出租屋死亡等事件。随着互联网的发展,线上工作、居家办公也成为普遍现象。在上述情形发生死亡能否认定为工伤,急切需要立法进行更明确的解释。

《工伤保险条例》第十四条 职工有下列情形之一的,应当认定为工伤:

(一)在工作时间和工作场所内,因工作原因受到事故伤害的;

（二）工作时间前后在工作场所内，从事与工作有关的预备性或者收尾性工作受到事故伤害的；

（三）在工作时间和工作场所内，因履行工作职责受到暴力等意外伤害的；

（四）患职业病的；

（五）因工外出期间，由于工作原因受到伤害或者发生事故下落不明的；

（六）在上下班途中，受到非本人主要责任的交通事故或者城市轨道交通、客运轮渡、火车事故伤害的；

（七）法律、行政法规规定应当认定为工伤的其他情形。

《工伤保险条例》第十五条　职工有下列情形之一的，视同工伤：

（一）在工作时间和工作岗位，突发疾病死亡或者在48小时之内经抢救无效死亡的；

（二）在抢险救灾等维护国家利益、公共利益活动中受到伤害的；

（三）职工原在军队服役，因战、因公负伤致残，已取得革命伤残军人证，到用人单位后旧伤复发的。

职工有前款第（一）项、第（二）项情形的，按照本条例的有关规定享受工伤保险待遇；职工有前款第（三）项情形的，按照本条例的有关规定享受除一次性伤残补助金以外的工伤保险待遇。

⚖ 法律解析

在涉及非公司工作地点办公的劳动争议案件中，劳动者及其家属一定要有证据意识，保留居家办公期间及在外办公期间的微信聊天记录、QQ聊天记录、电子邮件、手机通话记录、手机通话录音、短信记录等各种证据，一旦发生劳动纠纷，一个细微的证据都有可能成为胜诉判决的重要依据。此外，如果今后可以通过立法的方式明确下班后居家线上办公突发疾病死亡的情形视同工伤，将能更好地维护劳动者的合法权益。

6. 公司给你的文件千万别乱签

小王是昆明一家教育培训机构的员工。因为公司经营陷入困境，发不起工资，于是就逼着他签了一份"自愿离职证明"。公司负责人还说不签就不发剩余的工资，而在小王签下证明后，工资却并没有如约发放。小王是年初入职的，主要工作是负责售卖培训课程。2020年7月底，有小道消息说公司可能会倒闭。小王认为公司让自己签"自愿离职证明"应该算是裁员，公司应该给自己补偿。小王说，他的工资和绩效挂钩，每月能领到数千元到上万元不等，因为不想辛辛苦苦工作了却拿不到报酬，所以无奈之下只能签了离职证明。小王本以为这样就能顺利拿到薪酬，可没料到公司的老板居然如此不讲诚信，连工资都不发。小王算是被公司套路了。

劳动者一定要注意，在实践中如果签了自愿离职的文件，就很难拿到经济补偿金了。

《劳动合同法》第四十六条【经济补偿】 有下列情形之一的，用人单位应当向劳动者支付经济补偿：

（一）劳动者依照本法第三十八条规定解除劳动合同的；

（二）用人单位依照本法第三十六条规定向劳动者提出解除劳动合同并与劳动者协商一致解除劳动合同的；

（三）用人单位依照本法第四十条规定解除劳动合同的；

（四）用人单位依照本法第四十一条第一款规定解除劳动合同的；

（五）除用人单位维持或者提高劳动合同约定条件续订

劳动合同，劳动者不同意续订的情形外，依照本法第四十四条第一项规定终止固定期限劳动合同的；

（六）依照本法第四十四条第四项、第五项规定终止劳动合同的；

（七）法律、行政法规规定的其他情形。

《劳动合同法》第四十七条【经济补偿的计算】经济补偿按劳动者在本单位工作的年限，每满一年支付一个月工资的标准向劳动者支付。六个月以上不满一年的，按一年计算；不满六个月的，向劳动者支付半个月工资的经济补偿。

劳动者月工资高于用人单位所在直辖市、设区的市级人民政府公布的本地区上年度职工月平均工资三倍的，向其支付经济补偿的标准按职工月平均工资三倍的数额支付，向其支付经济补偿的年限最高不超过十二年。

本条所称月工资是指劳动者在劳动合同解除或者终止前十二个月的平均工资。

法律解析

除了自愿离职的文件不要轻易签署外，签下面这五类文件的时候也必须打起一百分的精神：

（一）劳动合同到期不续签通知书

如果劳动合同到期，公司提出不续签是要支付经济补偿金的，而员工提出不续签，则公司无须支付。如果公司让你签因个人原因不续签劳动合同的通知书，千万不要轻易签。这也是不良公司经常玩的套路，一定要看清公司的文件，看看上面有没有"经员工提出，不再续签劳动合同"的语句。如果有上述语句，员工在上面签字了，基本上就与经济补偿金无缘了。

（二）辞退通知书

辞退通知书也就是解除劳动合同类的通知书，如果公司让你在上面签字，一样要注意类似语句"因员工严重违反公司规章制度""经员工提出，双方自愿解除劳动合同""因员工个人原因提出辞职"。公司的辞职单有很大的玩套路空间。除此以外，还要注意在办理工作交接时，如果需要签字，也要注意上述类似的语句。

（三）调岗降薪通知书

不良公司经常会随意地单方面调岗降薪，还会给员工发通知书，并且要求员工签字。如果有异议，千万不要签字。因为如果你签字了，就相当于认可公司的做法，到打官司的时候，公司可能连举证都不需要了。

(四)处罚单

有的时候公司故意找麻烦处罚员工,特别是公司想辞退一个员工却不愿意支付经济补偿金时,如果我们对这个处罚单有异议,那么坚决不能签字。对于一个成年人来说,签字就是认可;如果你没有签字,公司要处罚你就得公司来证明你哪些地方违反了公司的规定。

(五)绩效考核表

有些不良公司在变相辞退员工时经常会通过这种恶意绩效考核,来降低员工拿到手里的工资,用低薪逼走员工。所以对于有争议的、恶意降低的绩效考核,一定不能签字,同时一定要立即向公司提出异议,并保留证据。

所以,公司给的书面通知、文件一定不要轻易地签字,要看清楚通知及文件的条款和内容,否则一旦签字了,后悔可就晚了。

7. 自愿放弃社保承诺书有效吗？

员工签署的自愿放弃社保承诺书有效吗？我们来看一个案例。

刘某是一家科技公司的员工，2018年9月10日与公司签署了劳动合同。入职一个星期内，公司向她发出了《关于参加城镇企业职工基本养老保险统筹的通知》，通知中写道："公司准备为其缴纳养老保险、医疗保险、工伤保险、失业保险及生育保险，请准备好所需材料配合本公司办理。"同日，刘某向公司表示自己不愿意缴纳企业社保，于是公司给了她一份《自愿放弃社保承诺书》，该文件的内容为："公司向本人送达的《关于参加城镇企业职工社会保险统筹的通知》本人已经收到，本人因在家已参加农村新型养老保险，不再参加企业社保，不提交相关材料，如此后本人要求公司补缴社会保险费，其产生的利息、滞纳金由本人承担，由此产生的一切法律后果由本人承担，同时本人保证今后不会以公司未依法缴纳社会保险费为由，向公司主张经济补偿金。"

转眼，刘某已经入职一年多，因为工作中的矛盾，她不想在公司继续工作了，但又想找公司要补偿。于是在2019年10月19日，刘某以公司未依法按时、足额为其缴纳各项社会保险费为由向公司快递了《解除劳动关系通知书》，并在劳动争议仲裁委员会申请仲裁，要求公司支付解除劳动合同的经济补偿金12000元。

结果，仲裁委对刘某的要求不予支持，刘某不服，就向当地法院起诉。

一审法院认为，根据《劳动合同法》第三十八条、第四十六条之规定，用人单位未依法为劳动者缴纳社会保险费，劳动者要求与用人单位解除劳动合同的，用人单位应当向劳动者支付经济补偿金。

由此可见，依法为劳动者缴纳社会保险费既是用人单位的法定义务，也是劳动者应协助履行的义务，该项义务既需要用人单位的正确履行，也需要劳动者的积极配合，非因可归责于用人单位之原因，致使劳动者社会保险费未依法缴纳的，劳动者不得要求用人单位支付经济补偿金，因此对刘某主张经济补偿的诉求不予支持。

《劳动法》第七十二条 社会保险基金按照保险类型确定资金来源，逐步实行社会统筹。用人单位和劳动者必须依法参加社会保险，缴纳社会保险费。

《劳动合同法》第三十八条 用人单位有下列情形之一的，劳动者可以解除劳动合同：

（一）未按照劳动合同约定提供劳动保护或者劳动条件的；

（二）未及时足额支付劳动报酬的；

（三）未依法为劳动者缴纳社会保险费的；

（四）用人单位的规章制度违反法律、法规的规定，损害劳动者权益的；

（五）因本法第二十六条第一款规定的情形致使劳动合

同无效的；

（六）法律、行政法规规定劳动者可以解除劳动合同的其他情形。

用人单位以暴力、威胁或者非法限制人身自由的手段强迫劳动者劳动的，或者用人单位违章指挥、强令冒险作业危及劳动者人身安全的，劳动者可以立即解除劳动合同，不需事先告知用人单位。

《劳动合同法》第四十六条【经济补偿】 有下列情形之一的，用人单位应当向劳动者支付经济补偿：

（一）劳动者依照本法第三十八条规定解除劳动合同的；

（二）用人单位依照本法第三十六条规定向劳动者提出解除劳动合同并与劳动者协商一致解除劳动合同的；

（三）用人单位依照本法第四十条规定解除劳动合同的；

（四）用人单位依照本法第四十一条第一款规定解除劳动合同的；

（五）除用人单位维持或者提高劳动合同约定条件续订劳动合同，劳动者不同意续订的情形外，依照本法第四十四条第一项规定终止固定期限劳动合同的；

（六）依照本法第四十四条第四项、第五项规定终止劳动合同的；

（七）法律、行政法规规定的其他情形。

《劳动合同法》第四十七条【经济补偿的计算】经济补偿按劳动者在本单位工作的年限，每满一年支付一个月工资的标准向劳动者支付。六个月以上不满一年的，按一年计算；不满六个月的，向劳动者支付半个月工资的经济补偿。

劳动者月工资高于用人单位所在直辖市、设区的市级人民政府公布的本地区上年度职工月平均工资三倍的，向其支付经济补偿的标准按职工月平均工资三倍的数额支付，向其支付经济补偿的年限最高不超过十二年。

本条所称月工资是指劳动者在劳动合同解除或者终止前十二个月的平均工资。

⚖ 法律解析

依法缴纳社会保险是用人单位的法定义务，但在劳动者自愿不予办理的情况下，再以公司未依法为其缴纳社会保险为由，要求解除劳动合同并支付经济补偿金，明显违背了诚实信用的原则，因此很少有法院会支持。

但是在一部分案例中，有的法院可能会支持劳动者的诉讼请求，特别是劳动者能够证明是用人单位逼迫自己签署了《自愿放弃社保承诺书》的情况下，此时用人单位不仅要为劳动者补缴社会保险费，还要向劳动者支付解除劳动合同的经济补偿。

8. 农民工如何索要拖欠工资？

农民工老王辛辛苦苦干了一年的活儿，到了年底，项目负责人竟然找各种理由不发工资，一拖再拖。该项目拖欠老王和25个工友工资共计150万元。遇到农民工欠薪问题，老王和他的工友们应该如何维权？

> 《劳动合同法》第八十五条 用人单位有下列情形之一的，由劳动行政部门责令限期支付劳动报酬、加班费或者经济补偿；劳动报酬低于当地最低工资标准的，应当支付其差额部分；逾期不支付的，责令用人单位按应付金额百分之五十以上百分之一百以下的标准向劳动者加付赔偿金：
> （一）未按照劳动合同的约定或者国家规定及时足额支付劳动者劳动报酬的；
> （二）低于当地最低工资标准支付劳动者工资的；
> （三）安排加班不支付加班费的；
> （四）解除或者终止劳动合同，未依照本法规定向劳动者支付经济补偿的。

⚖ 法律解析

拖欠劳动者工资，属于劳动违法行为，劳动者一旦遇到这种情况要积极维权，千万别被拖欠了大量工资还继续干活儿，搞不好工资要不到，活儿也白干。实务中，有很多劳动者都吃过这样的亏。

下面提供四种维权的方式，劳动者可作参考：

（一）劳动者向劳动行政部门投诉解决

根据《劳动合同法》第八十五条第一项的规定，用人单位未按照劳动合同的约定或者国家规定及时足额支付劳动者劳动报酬的，由劳动行政部门责令限期支付劳动报酬；逾期不支付的，责令用人单位按应付金额百分之五十以上百分之一百以下的标准向劳动者加付赔偿金。

投诉解决的优点是，如果没有特别的原因，用人单位只要接到劳动行政部门的处理通知，在其压力下就可能及时支付劳动者的工资，这样劳动者就能用最短的时间、最低的成本解决拖欠工资的问题。因此，一般情况下，处理拖欠工资时，可以将向劳动行政部门投诉解决作为首选。但是，如果劳动者的请求复杂，如涉及经济补偿、赔偿金等，需要具体认定的，劳动行政部门无法解决，需要进行劳动仲裁程序。

（二）向劳动仲裁委员会申请劳动仲裁或者向法院起诉

通过劳动投诉无法解决的，劳动者只能向当地的劳动人事争议仲裁委员会申请劳动仲裁，以仲裁的方式来解决双方的纠纷。劳动仲裁是解决劳动争议的前置程序，必须先经劳动仲裁，如果对仲裁结果不服的，除一裁终局的、单位不能起诉的裁决外，其他裁决任何一方对裁决结果不服的，可以向法院起诉。

通过仲裁解决时，劳动者有两个选择：一是，如果单位经营稳定，劳动者也想继续在该单位上班的，可以仅请求拖欠的工资，保留劳动关系；二是，如果单位经营状况欠佳，以后继续在该单位上班可能仍存在拖欠工资风险的，鉴于用人单位拖欠劳动者工资系违法行为，劳动者可以依据《劳动合同法》第三十八条第二项的规定,提出解除劳动关系,并要求支付拖欠的工资以及解除劳动关系的经济补偿。

可参考《劳动合同法》第三十八条的规定。

如果劳动者有单位拖欠工资的欠条,并且劳动者的诉讼请求不涉及劳动关系的其他争议,也可以直接向法院提起诉讼,法院可按照普通的民事纠纷来受理;如果劳动者的诉求还包含拖欠工资以外的其他劳动争议,则法院不能直接受理。

(三)通过公安机关采取刑事手段维权

如果用人单位有能力支付而拒不支付劳动报酬并且达到一定的金额,劳动者可以积极地向劳动行政部门举报,并请求协助报案或者直接向公安机关报案。采用刑事手段可以有效降低劳动者的维权成本,并且一旦进行刑事程序,用人单位的负责人大都愿意积极支付劳动者工资。

根据《刑法》第二百七十六条之一的规定,构成拒不支付劳动报酬罪有一项重要的条件是"用人单位有能力支付,但是通过转移、隐藏财产的方法拒绝支付的",所以刑事程序启动后,用人单位负责人尽快支付拖欠的工资,可以作为减轻刑事处罚的情节。很多用人单位的负责人为了顺利办理取保候审,而主动向劳动者支付工资。

《刑法》第二百七十六条之一 以转移财产、逃匿等方法逃避支付劳动者的劳动报酬或者有能力支付而不支付劳动者的劳动报酬，数额较大，经政府有关部门责令支付仍不支付的，处三年以下有期徒刑或者拘役，并处或者单处罚金；造成严重后果的，处三年以上七年以下有期徒刑，并处罚金。

单位犯前款罪的，对单位判处罚金，并对其直接负责的主管人员和其他直接责任人员，依照前款的规定处罚。

有前两款行为，尚未造成严重后果，在提起公诉前支付劳动者的劳动报酬，并依法承担相应赔偿责任的，可以减轻或者免除处罚。

（四）申请当地政府部门规定的欠薪保障金

本项不算是维权方式，但是在用人单位倒闭、实在发不出任何工资的情况下，也可以考虑申请该项保障金，有总比没有好。有的地方政府为了防止用人单位突然倒闭，导致大量劳动者的工资无着落，会通过社会力量设立一些欠薪保障金。如果用人单位无法支付欠薪，政府会向劳动者发放一定数额的工资，达到救助劳动者的目的。

9. 入职后，一直没与单位签劳动合同怎么办？

小杨大学毕业，刚步入职场，找了第一份工作，在公司里担任销售一职。小杨的业绩不错，公司每月也按时发放工资，但是让小杨纳闷的是，公司一直没跟他签订劳动合同。现在工作半年了，公司也没提签订劳动合同的事，小杨咨询律师，他和公司存在劳动关系吗？像这种情况，该如何维护自己的权益呢？

《劳动合同法》第七条 用人单位自用工之日起即与劳动者建立劳动关系。用人单位应当建立职工名册备查。

《劳动合同法》第十条 建立劳动关系，应当订立书面劳动合同。

已建立劳动关系，未同时订立书面劳动合同的，应当自用工之日起一个月内订立书面劳动合同。

用人单位与劳动者在用工前订立劳动合同的，劳动关系自用工之日起建立。

《劳动合同法》第十四条 无固定期限劳动合同，是指用人单位与劳动者约定无确定终止时间的劳动合同。

用人单位与劳动者协商一致，可以订立无固定期限劳动合同。有下列情形之一，劳动者提出或者同意续订、订立劳动合同的，除劳动者提出订立固定期限劳动合同外，应当订立无固定期限劳动合同：

（一）劳动者在该用人单位连续工作满十年的；

（二）用人单位初次实行劳动合同制度或者国有企业改制重新订立劳动合同时，劳动者在该用人单位连续工作满十年且距法定退休年龄不足十年的；

（三）连续订立二次固定期限劳动合同，且劳动者没有本法第三十九条和第四十条第一项、第二项规定的情形，续订劳动合同的。

> 用人单位自用工之日起满一年不与劳动者订立书面劳动合同的，视为用人单位与劳动者已订立无固定期限劳动合同。

⚖ 法律解析

用人单位不与劳动者签订合同，不仅会损害职工的合法权益，也会使单位面临很多法律风险。

首先，用人单位不签订合同，职工有权要求双倍工资差额。

用人单位应当自用工之日起一个月内与劳动者订立书面劳动合同，这是用人单位的法定义务。如果用人单位自用工之日起超过一个月不满一年未与劳动者订立书面劳动合同的，应当向劳动者每月支付二倍的工资。劳动者最多能主张到11个月的二倍工资差额。劳动者无论在职还是在离职后的一定时期内，都可据此要求单位支付二倍工资差额，这是法律赋予职工的权利，并非"报复"单位。

其次，单位不签合同超过1年，视为与职工订立无固定期限劳动合同。

用人单位在视为已订立无固定期限劳动合同的情况下，仍负有补订书面劳动合同的义务，而且自视为订立无固定期限劳动合同之日起到劳动者退休之前，用人单位与劳动者之间只存在解除劳动合同的问题，而不再有终止劳动合同的情况。

最后，用人单位不签劳动合同，职工可随时辞职，且不用承担违约责任。

如果签有劳动合同，职工要提前解除劳动关系时需提前30天通知单位，而且必须是书面的，否则就是违法解除劳动合同，给单位造成损失要赔偿；但用人单位不与职工签订劳动合同，职工可以随时辞职，即使单位找不到人接替其岗位，也无须承担违约责任。

10. 入职多年，单位一直没给缴纳社保怎么办？

张阿姨在一家公司当保洁，每个月工资3500元。她在这家公司上班10年了，但是公司一直没有给她缴纳社保，张阿姨担心自己年纪越来越大，到了退休年龄，没有了保障。张阿姨该如何维权呢？

⚖️ 法律解析

（一）用人单位没给劳动者缴纳社保，劳动者应当如何维权？

用人单位和劳动者从用工之日起建立劳动关系，一个月内订立劳动合同并缴纳社保，这是劳动者的权利，也是用人单位的义务。如果没有缴纳社保，劳动者可以选择三种方式来维权：

1. 以单位违法为由，解除劳动合同，要求支付经济补偿金。

根据《劳动合同法》第三十八条第三项的规定，未依法为劳动者缴纳社会保险费的，劳动者可以解除劳动合同。

这是一个比较好的解除劳动合同的方法，未依法缴纳社保包括未缴纳或未足额缴纳，单位有这种违法行为的，劳动者不但可以解除劳动关系，还可以要求经济补偿。

2. 未依法缴纳社保导致劳动者损失的，可以要求用人单位赔偿损失。

在司法实践中，劳动者以用人单位未为其办理社会保险手续，且社会保险经办机构不能补办导致其无法享受社会保险待遇为由，要求用人单位赔偿损失而发生争议的，人民法院可以立案受理。例如，用人单位未依法为劳动者缴纳医疗保险，劳动者患病时应当由医疗保险承担的部分，可以要求用人单位承担。

3. 向社保机构举报，要求用人单位补缴社保。

根据《社会保险法》第八十六条的规定：用人单位未按时足额缴纳社会保险费的，由社会保险费征收机构责令限期缴纳或者补足，并自欠缴之日起，按日加收万分之五的滞纳金；逾期仍不缴纳的，由有关行政部门处欠缴数额一倍以上三倍以下的罚款。

社保补缴后拖欠的社保款项进入劳动者的社保账户，最终劳动者受益。但是在实务中，很多劳动者不重视这项权益，所以希望更多的劳动者能够有所了解，从而保障自己的利益。

（二）五险一金是指什么，具体有什么用呢？

"五险"指的是五种保险，包括养老保险、医疗保险、失业保险、工伤保险和生育保险；"一金"指的是住房公积金。其中养老保险、医疗保险和失业保险，这三种险是由企业和个人共同缴纳的保费；工伤保险和生育保险完全是由企业承担的，个人不需要缴纳。

养老保险的作用：公司缴纳的养老保险金额会进入养老保险统一账户里，个人的缴费金额会直接打入个人账户。最低缴费年限是十五年。退休后国家会每月将养老金打到个人账户。

医疗保险的作用：个人的缴费金额同样是打入个人医保卡里，可以用来买药等。但只有因病住院才能用医保卡，一些交通事故或者意外事故是不能用医保卡的。同时有些药类是不能报销的，用药的时候一般医生会问患者。

工伤保险的作用：工伤保险是在工作时间或工作岗位上突发

疾病或者意外事故等所需要用的保险。近几年职业病也被列为工伤。发生工伤事故可以按照《工伤保险条例》上报，按照相应规定递交相关材料申报，过程比较长，但最终都会给员工一笔保险费用，包括很多项目。

生育保险的作用：通常在缴费满一年或者指定时间后，男女员工都会享受生育保险（具体以当地社保局政策为准）。女员工生育或者意外小产等都可以申请生育保险报销费用，男员工可以申请护理假期间的津贴，当然都需要先申报。有的地区生育保险和医疗保险已合并，只用一张医保卡就省事多了。如果没有合并，生育期间所有的费用单子都要保存好，报销的时候会用上。

失业保险的作用：在失业的时候可以申请失业保险。当然也是需要缴纳一段时间后才能使用。还有必须是被公司辞退或者合同到期，自己主动辞职或离职是申请不到失业保险的。

住房公积金的作用：贷款买房子的时候，公积金贷款的利率要比商贷低。公积金只有贷款买房子或者租房的时候才可以提取，各地政策稍有不同，有的家庭困难或者有医院出具的疾病相关证明也可以提取。

11. 劳动合同期限为1年,试用期可以签6个月吗?

试用期内用人单位对劳动者承担的义务要少许多,如支付的工资可以低于劳动合同中约定的工资。因此,用人单位都会最大限度地延长试用期,以节约用人成本。

那么对试用期的期限,我国法律是怎么规定的呢?

> 试用期最长不超过6个月。如果用人单位任意延长,你有权拒绝。

> 《劳动合同法》第十九条 劳动合同期限三个月以上不满一年的，试用期不得超过一个月；劳动合同期限一年以上不满三年的，试用期不得超过二个月；三年以上固定期限和无固定期限的劳动合同，试用期不得超过六个月。
>
> 同一用人单位与同一劳动者只能约定一次试用期。
>
> 以完成一定工作任务为期限的劳动合同或者劳动合同期限不满三个月的，不得约定试用期。
>
> 试用期包含在劳动合同期限内。劳动合同仅约定试用期的，试用期不成立，该期限为劳动合同期限。

由此可见，用人单位不得随意规定试用期的期限。劳动合同期限不同，试用期的法定最长期限也不同，试用期最长的情形不得超过六个月。如果用人单位违反法律规定任意延长试用期，劳动者有权拒绝。

12. 法定节假日加班，怎么算三倍工资？

> 《劳动法》第四十四条 有下列情形之一的，用人单位应当按照下列标准支付高于劳动者正常工作时间工资的工资报酬：
>
> （一）安排劳动者延长工作时间的，支付不低于工资的百分之一百五十的工资报酬；
>
> （二）休息日安排劳动者工作又不能安排补休的，支付不低于工资的百分之二百的工资报酬；
>
> （三）法定休假日安排劳动者工作的，支付不低于工资的百分之三百的工资报酬。

全年法定节假日共有十一天：元旦一天，春节三天，清明一天，五一劳动节一天，端午节一天，中秋节一天，国庆节三天。

法定节假日上班属于加班，必须支付《劳动法》第四十四条规定的不低于本人工资百分之三百的工资报酬，不得用调休替代。

法定节假日加班的三倍工资的计算方式为：

基本工资/21.75 天/8 小时×300%。

> 法定节假日加班的三倍工资
> =基本工资/21.75天/8小时*300%。

13. 单位能收取劳动者押金、扣身份证吗？

劳动者在求职过程中，会发现有些用人单位在签订劳动合同的时候，收取劳动者数额不等的押金，或者是扣留身份证，目的是限制劳动者跳槽。劳动者认为找工作不易，也不管用人单位收取押金、扣留身份证的行为是否合法，只求换来一份工作。

其实，用人单位的这种行为侵犯了劳动者的自主择业权，用人单位在与劳动者订立劳动合同时，不得以任何形式向劳动者收取定金、保证金（物）或抵押金（物）。

同时，《劳动合同法》第八十四条也规定：用人单位违反本法规定，扣押劳动者居民身份证等证件的，由劳动行政部门责令限期退还劳动者本人，并依照有关法律规定给予处罚。

用人单位违反本法规定，以担保或者其他名义向劳动者收取财物的，由劳动行政部门责令限期退还劳动者本人，并以每人500元以上2000元以下的标准处以罚款；给劳动者造成损害的，应当承担赔偿责任。

劳动者依法解除或者终止劳动合同，用人单位扣押劳动者档案或者其他物品的，依照前款规定处罚。

由此可知，用人单位收取押金、扣留身份证的行为，违反了禁止性规定。如果劳动者遇到用人单位以收取押金、扣留身份证为条件，才签订劳动合同，那么劳动者有权拒绝，同时可以按照上述法律规定进行维权。

14. 超过 60 岁还有误工费吗？

李大爷今年 62 岁，老伴在前些年去世了，孩子们都成家立业，在城里买了楼房，剩下李大爷一个人在家闲着无事，找了个在农场看门的工作，每月工资有 2000 元左右。这天李大爷上完班，骑着电动车回家。途中，一辆同向行驶的半挂车在超车时不幸将李大爷剐蹭到。半挂车司机小黄在开车路过李大爷时未保持充分的安全距离，虽然采取了紧急避让措施，但是两车还是发生了碰撞，造成李大爷骨折的伤情，两车也受到了不同程度的损坏。

经交警部门认定，小黄承担本次事故的全部责任，李大爷无责任。李大爷经过住院治疗，出院后找到小黄和他的保险公司进行理赔。双方的争议焦点是李大爷的误工费要不要给。

保险公司认为，李大爷已经满 60 周岁了，达到了国家法定的退休年龄，因此没有误工费一说了，所以对李大爷主张的误工费不予理赔。而李大爷觉得自己体力还可以，所以找了个班上，没有在家闲着，每个月还能拿 2000 元左右的工资，不用靠子女提供帮助，而是靠自己的能力赚钱。现在因为发生了事故，导致自己休息三个月没法上班，也没了工资，这不算误工吗？所以保险公司理应赔付他误工费。

最后三方争执不下，保险公司不理赔，小黄也不想自掏腰包，于是李大爷将小黄和保险公司告上了法庭。李大爷主张按照城镇居民的标准来计算各项损失，还提供了在农场看门的劳务合同、工作证和工资流水证明以及农场的营业执照、误工证明等。李大爷提供的证据足以证明他有工作、有稳定的收入，虽然年满60周岁，但是李大爷还有劳动能力，所以不能以年满60岁不给误工费这个规定一棒子打死。最终法院综合考量，按照城镇居民的标准来计算李大爷的各项损失，也支持了李大爷的误工费。

⚖ 法律解析

（一）农村居民和城镇居民发生事故受伤了，赔偿标准一样吗？

《最高人民法院关于修改〈最高人民法院关于审理人身损害赔偿案件适用法律若干问题的解释〉的决定》自2022年5月1日起施行。

按照之前的《最高人民法院关于审理人身损害赔偿案件适用法律若干问题的解释》，城镇居民赔偿标准按照"受诉法院所在地上一年度城镇居民人均可支配收入"来计算，而农村居民的赔偿标准则按照"受诉法院所在地上一年度农村居民人均纯收入标准"来计算。而城镇居民人均可支配收入往往是农村居民人均纯收入的两三倍，这就造成了两者赔偿金额的巨大差距，所以出现了农村居民发生事故所获赔偿比城镇居民的赔偿要少很多的现象。

现在，《最高人民法院关于审理人身损害赔偿案件适用法律若干问题的解释》有了六处修改，目标在于统一城乡居民赔偿标准，更加充分地保护受害人利益，改变此前因城乡身份不同导致人身损害赔偿数额差距较大的情况。以后农村居民受到了伤害，也能按照城镇居民的标准来获得赔偿，大大提高了农村居民人身损害的赔偿数额。

（二）超过60周岁，误工费的赔偿还能获得支持吗？

年满60周岁的受害人，请求侵权人赔偿其误工费的，是否应当支持，应当视案件具体情况来定。60周岁以上的公民达到了法定退休年龄，属于老年人。如果年满60周岁已经开始领取国家养老金，或者开始由儿女尽孝赡养，不以参加劳动、获取劳务报酬为主要的经济来源，对于误工费的诉求，不应当得到支持。但是还有一些年满60岁的人群，仍在从事劳务工作。由于经济水平的提高、营养的改善，现在很多人虽然年满60岁，但是精神状况、健康状况和劳动能力依旧很好，他们愿意在社会上继续贡献自己的价值，靠自己的劳动和双手来谋取收入。如果他们能提供有劳务报酬的证明并且是真实的，那就应当获得误工费的支持。有些60周岁以上的农村居民仍在地里从事农业生产活动，这些农作物的收益也是他们的主要收入来源，这种情况法院也可以按照农林牧渔业的行业标准支持相应的误工费。

第五篇

关于继承权，
你一定要知道的

1. 独生子不能继承父母的全部房产？

刘涛是家里的独生子，今年刚刚参加工作。2015年他的父亲因工伤去世，2018年母亲因病去世，父母名下有一套三室两厅的房子，还有80多万的存款。刘涛的姥姥姥爷在他刚上小学的时候就去世了，爷爷奶奶在2019年、2020年也相继去世。现在刘涛还有两个叔叔。但是刘涛的叔叔常年在外省，从不跟爷爷奶奶来往，和刘涛的父母关系也不融洽。

刘涛经单位同事介绍认识了一个女孩。两人转眼就要到谈婚事的阶段了，刘涛想把父母的房产过户到自己名下，但当地房管局的工作人员要求他出示继承公证书或者法院法律文书。于是刘涛就到了当地的公证处咨询，想办个公证书。公证员告诉刘涛，人去世是不能办公证书的，父母留下的财产按法律规定先后应当被爷爷、奶奶、叔叔继承一部分，如果要完全过户到他名下，就必须所有继承人声明放弃，或者由他将这部分买下来。

可是，刘涛认为他是父母的独生子，理应继承父母的全部财产，怎么不孝顺的叔叔也有继承权呢？于是刘涛找到当地律师进行咨询，律师根据法律规定以及刘涛家庭的情况给出了解答，并建议刘涛通过村委会和自己的叔叔婶婶先进行协商解决，如果协商不成可进行诉讼。之后刘涛通过在村委会工作的一个大伯多次努力沟通调解，最终达成协议，刘涛支付两个叔叔各10万元，两个叔叔配合刘涛进行继承权公证，并办理了房屋过户，这件事才最终解决。

《民法典》第一千一百二十七条【法定继承人的范围及继承顺序】遗产按照下列顺序继承：

（一）第一顺序：配偶、子女、父母；

（二）第二顺序：兄弟姐妹、祖父母、外祖父母。

继承开始后，由第一顺序继承人继承，第二顺序继承人不继承；没有第一顺序继承人继承的，由第二顺序继承人继承。

本编所称子女，包括婚生子女、非婚生子女、养子女和有扶养关系的继子女。

本编所称父母，包括生父母、养父母和有扶养关系的继父母。

本编所称兄弟姐妹，包括同父母的兄弟姐妹、同父异母或者同母异父的兄弟姐妹、养兄弟姐妹、有扶养关系的继兄弟姐妹。

法律解析

本案也许是独生子女继承父母遗产中遇到的最尴尬的问题之一。按照我国《民法典》的规定，继承有法定继承和遗嘱继承两种方式，遗嘱继承优先于法定继承。在没有遗嘱的情况下，法定继承关系中排在第一顺序的继承人按比例继承遗产，第一顺序继承人有父母、子女和配偶。如果没有第一顺序继承人，就由第二顺序继承人兄弟姐妹、祖父母、外祖父母来继承，因此独生子女可能并不是父母遗产的唯一继承人。如果存在祖孙三代这种复杂关系，一旦中间的父辈英年早逝，在他们生前未做任何遗嘱安排的情况下，那么原属于父辈的财产需按比例分给祖辈和子辈。如果祖辈之后也去世了，祖辈还有其他子女的，其他的子女也能继承祖辈的财产。因此独生子女父母的财产很可能在经历过几次继承之后，就散落在许多远亲手中，正如本案中刘涛的叔叔也有继承权。

在刘涛家的继承关系中，刘涛父母的房屋是属于他父母的夫妻共同财产，刘涛的父亲去世后，房屋遗产1/2的产权就会分成四份，分别给爷爷、奶奶、母亲和刘涛，每人占1/8。爷爷奶奶去世后，爷爷奶奶的1/4又分成了两份，分别给了叔叔和刘涛各1/8。刘涛的母亲去世后，其母亲自己的一半财产，加上从丈夫那儿继承过来的1/8，一共是5/8则都由刘涛继承。基于此，刘涛名下的份额，现在就是1/8+1/8+5/8，一共是7/8。可见出现以上情况，在刘涛父母未对家庭财产做出任何安排的情况下，虽然刘涛是独生子女，但却不能继承全部的房产。

在实践中，独生子女还有可能遇到其他继承的困境，比如父母财产下落不明。如独生子女的父母因突发情况病故，而不掌握父母的财产状况，会使得财产继承程序变得异常复杂。因此，独生子女继承并非想象中那么简单。作为父母，一定要做好财产规划，综合运用法律工具，如遗嘱、保险、信托、协议等，同时也可以多咨询当地律师或者公证员等，有备无患。

2. 立多份遗嘱，以哪份遗嘱为准？

老王和老伴年轻的时候在老家宅基地上盖了一套房子。2013年，老伴因为身体不好离开了老王，留下了三个子女来照顾老王。老王为了老有所依，跟儿子说："以后家里这套房子就留给你了。"老王在2015年的时候订立了代书遗嘱，确认由儿子来继承老家宅基地上的房子。立了遗嘱后，儿子经常因为工作忙无暇照顾老王，反倒是两个女儿经常来看望他，帮忙收拾家务。2017年老王到公证处订立了公证遗嘱，确认由大女儿和二女儿来继承老家的房子。好景不长，老王身体一日不如一日，儿子终于放下工作，来父亲身边亲自照料。2022年，老王在病榻上订立了自书遗嘱，确认由大女儿、二女儿和小儿子共同继承老家的房子。老王百年以后，老家宅基地的房子到底由谁来继承呢？

> 《民法典》第一千一百四十二条【遗嘱的撤回、变更以及遗嘱效力顺位】遗嘱人可以撤回、变更自己所立的遗嘱。
>
> 立遗嘱后，遗嘱人实施与遗嘱内容相反的民事法律行为的，视为对遗嘱相关内容的撤回。
>
> 立有数份遗嘱，内容相抵触的，以最后的遗嘱为准。

⚖ 法律解析

本案中老家的房子是老王和老伴年轻的时候一同建造的，这个房子是夫妻二人的共同财产。老伴先于老王去世，属于老伴的一半房产按照法定继承分给了第一顺位继承人——老王和三个子女,剩下的一半房产和老王从老伴那儿继承来的份额才是老王可以立遗嘱处分的遗产。

  老王前后立了三份遗嘱,每份遗嘱的内容都不一样。按照《民法典》第一千一百四十二条的规定,立多份遗嘱的,以最后的遗嘱为准。也就是老王的遗产由三个子女共同继承。

3. 打印遗嘱有法律效力吗？

老陈经过半辈子的打拼，有了三套房产，他想把这三套房产分别让三个子女继承。如果不立遗嘱，父母、配偶、子女都有继承的权利，而且一般是按照均等份额来继承的。老陈想立遗嘱，但是不会写字，于是他找人打印了一份遗嘱，那么打印的遗嘱有法律效力吗？

打印遗嘱，需要有两个以上见证人在场，遗嘱人和见证人要在每页签名，并注明年、月、日。

《民法典》第一千一百三十四条【自书遗嘱】自书遗嘱由遗嘱人亲笔书写，签名，注明年、月、日。

《民法典》第一千一百三十五条【代书遗嘱】代书遗嘱应当有两个以上见证人在场见证，由其中一人代书，并由遗嘱人、代书人和其他见证人签名，注明年、月、日。

《民法典》第一千一百三十六条【打印遗嘱】打印遗嘱应当有两个以上见证人在场见证。遗嘱人和见证人应当在遗嘱每一页签名，注明年、月、日。

《民法典》第一千一百三十七条【录音录像遗嘱】以录音录像形式立的遗嘱，应当有两个以上见证人在场见证。遗嘱人和见证人应当在录音录像中记录其姓名或者肖像，以及年、月、日。

《民法典》第一千一百三十八条【口头遗嘱】遗嘱人在危急情况下，可以立口头遗嘱。口头遗嘱应当有两个以上见证人在场见证。危急情况消除后，遗嘱人能够以书面或者录音录像形式立遗嘱的，所立的口头遗嘱无效。

《民法典》第一千一百三十九条【公证遗嘱】公证遗嘱由遗嘱人经公证机构办理。

法律解析

《民法典》规定的遗嘱形式有：自书遗嘱、代书遗嘱、打印遗嘱、录音录像遗嘱、口头遗嘱和公证遗嘱。这么多遗嘱形式，想要遗嘱合法有效，就得按照法律规定去做。打印遗嘱，需要有两个以上见证人在场见证，而且遗嘱人和见证人需要在遗嘱的每一页签名，注明年、月、日。

4. 夫妻俩打拼的财产，最后却被丈夫的妹妹分走一部分

妻子和丈夫常年在外地打工赚钱，经过十几年的打拼攒下了些积蓄，回到老家置办了一套楼房，把孩子和老人都接到一起住。但是好景不长，丈夫因为常年工作劳累患上了疾病，治疗无效去世，留下妻子和老人、孩子一起生活。又过了几年，孩子大学毕业，到了谈婚论嫁的时候，妻子想把登记在丈夫名下的房子过户到儿子名下，当作儿子以后结婚的婚房。妻子带着儿子去房管局办理过户的时候却被告知，得让公婆和他们的儿子共同来签字，因为丈夫生前没有留下遗嘱，所以属于丈夫的一半份额得走法定继承的程序，父母、配偶、子女都有份儿。但是公婆去年也相继去世了，那丈夫的妹妹也变成了公婆的继承人。也就是说妻子想把这套房子过户到自己儿子名下，还需要小姑子签字同意，以书面形式让小姑子作出放弃继承的表示，这套房子才完全归儿子所有。如果小姑子不同意，非要继承的话，也没法干涉。最终结果就是夫妻俩婚后打拼的房产被丈夫的妹妹分走了一部分。

《民法典》第一千一百二十四条第一款【继承的接受和放弃】 继承开始后，继承人放弃继承的，应当在遗产处理前，以书面形式作出放弃继承的表示；没有表示的，视为接受继承。

⚖ 法律解析

本案中，如果妻子想要成功地把登记在丈夫名下的房子过户到儿子名下，需要妻子和小姑子都以书面的形式作出放弃继承的表示。如果丈夫在生前立有遗嘱，表明自己的遗产由儿子继承，那么遗嘱继承优先于法定继承，后续也不会有那么多麻烦了。

  由此可见，多学习一些继承相关的法律知识具有相当的重要性，尤其是家族里有白发人送黑发人的情况，立份遗嘱能省去很多麻烦和纠纷。

5. 寡妇能继承公婆的遗产吗？

娟儿的丈夫因病去世，作为儿媳，她对公婆的孝顺一点没变。公婆年纪大了，腿脚不好，她就每天起早贪黑出去摆摊，挣了钱都用来照顾孩子、赡养老人，自己连换季的衣服都舍不得买。她负责料理家里大大小小的事务，街坊都夸她是好媳妇。娟儿一直尽心尽力地照顾公婆，给他们养老送终。老人去世后，小姑子见家里没人了，便让儿媳搬家，说房子是父母留给她的遗产，没有娟儿的份儿。无家可归的娟儿只能将小姑子告上了法庭。

最后，法院判决，娟儿作为丧偶儿媳对公婆尽到了主要赡养义务，应当作为第一顺序继承人来继承遗产。老人留下的遗产就由娟儿、小姑子和娟儿的孩子代位继承。小姑子了解了法律规定，觉得再坚持下去也没什么意义，就同意让娟儿和她的孩子继承一部分遗产，但是小姑子提出了一项要求："娟儿想继承遗产可以，但是不能带产改嫁。若要改嫁就得把继承的遗产全部退回来。"小姑子的这一说法对吗？

《民法典》第一千一百二十九条【丧偶儿媳、丧偶女婿的继承权】丧偶儿媳对公婆，丧偶女婿对岳父母，尽了主要赡养义务的，作为第一顺序继承人。

《民法典》继承编的解释（一）第十八条 丧偶儿媳对公婆、丧偶女婿对岳父母，无论其是否再婚，依照《民法典》第一千一百二十九条规定作为第一顺序继承人时，不影响其子女代位继承。

⚖ 法律解析

《民法典》规定，丧偶儿媳对公婆，丧偶女婿对岳父母，尽了主要赡养义务的，可以作为第一顺序继承人来继承遗产，无论丧偶儿媳、丧偶女婿是否再婚。

所谓寡妇带产改嫁，是指在丈夫死后，女方带着继承的遗产，再嫁他人。寡妇不仅可以继承已故丈夫的遗产，如果对公婆尽到了主要赡养义务，还有权利继承公婆的遗产。而且取得遗产后，还有带产再婚的权利。

有些人认为，寡妇既已继承了丈夫或者公婆的遗产，就不能带产改嫁，若要改嫁便不能继承丈夫或者公婆的遗产。这种想法是完全错误的。我国《民法典》的婚姻家庭编中奉行婚姻自由的原则。婚姻自由，既适用于未婚男女，也适用于已婚丧偶的男女。丈夫丧妻可以另娶，妻子丧夫也可以另嫁。寡妇再婚行使的是婚姻自由权，继承已故丈夫或者公婆的遗产行使的是继承权，带产改嫁行使的是所有权，这三种权利都是寡妇依法享有的，受到国家法律的保护，任何人不得随意干涉。

所以，本案中小姑子提出的要求完全属于无理取闹。每个人都有自己应尽的义务。作为女儿的本分就是对父母尽好孝道，但是本来应由小姑子承担的责任和义务，全部让丧偶的嫂子娟儿代劳了。娟儿承担了主要的赡养义务，自然有权利继承公婆的遗产。为人做好自己分内的事情即可，其他的事情，法律自有公平的定夺。

6. 爷爷立遗嘱把房子给孙子，孙子为什么没取得房产所有权？

阿文的父母在他很小的时候就离异了，随后母亲就改嫁到外地，父亲也外出打工，常年不回家，阿文成了留守儿童。他从7岁起就一直跟着爷爷生活，爷孙俩相依为命。爷爷年纪大了，想把自己的房产留给孙子，于是就立了遗嘱让孙子阿文来继承这套房子。爷爷去世后，父亲和叔叔都回来要继承这套房子，阿文拿出爷爷的遗嘱，三人争执不下，于是对簿公堂。最终法院认定，遗嘱有效，但是孙子阿文不能继承这套房产。这是为什么呢？

> 哈哈……房子是我俩的了。

> 爷爷没错,但你没有在60日内以书面形式接受这份遗嘱。

> 爷爷说家里的房子留给我。

《民法典》第一千一百二十五条【继承权的丧失和恢复】
　　继承开始后,继承人放弃继承的,应当在遗产处理前,以书面形式作出放弃继承的表示;没有表示的,视为接受继承。
　　受遗赠人应当在知道受遗赠后六十日内,作出接受或者放弃受遗赠的表示;到期没有表示的,视为放弃受遗赠。

　　第一顺序继承人包括:父母、配偶、子女;第二顺序继承人包括:兄弟姐妹、祖父母、外祖父母。孙子根本不属于法定继承人,爷爷通过遗嘱将房产给阿文,在法律上叫遗赠。《民法典》

规定，受遗赠人必须在知道受遗赠后两个月内作出接受的意思表示，否则视为放弃。阿文不懂法律规定，没有在60天内作出接受遗赠的意思表示，所以到手的房子不翼而飞了。

父亲、叔叔和阿文毕竟是血亲，在了解法律规定后，三方在法院的调解下，达成了一致意见，房子归父亲和叔叔来继承，父亲和叔叔分别拿出10万元对阿文进行补偿，也算是完成了爷爷的遗愿。

法律解析

遗嘱和遗赠的区别是什么？

遗嘱中的继承人必须在法定继承人的范围内，且必须是自然人；遗赠的受让人必须是法定继承人以外的自然人，或国家及其他社会组织。

继承开始后，继承人放弃继承的，应当在遗产处理前，以书面形式作出放弃继承的表示；没有表示的，视为接受继承。

受遗赠人应当在知道受遗赠后六十日内，作出接受或者放弃受遗赠的表示；到期没有表示的，视为放弃受遗赠。

7. 侄子能继承单身叔叔的遗产吗？

老白一生都没有娶妻，也没有孩子，父母和他唯一的哥哥也比他走得早。老白有一处房产，在他没有第一顺序继承人的情况下，侄子可以继承单身叔叔的遗产吗？

> 《民法典》第一千一百二十八条【代位继承】 被继承人的子女先于被继承人死亡的，由被继承人的子女的直系晚辈血亲代位继承。
>
> 被继承人的兄弟姐妹先于被继承人死亡的，由被继承人的兄弟姐妹的子女代位继承。
>
> 代位继承人一般只能继承被代位继承人有权继承的遗产份额。

侄子在一定条件下确实可以继承叔叔的遗产。第一，如果叔叔留有遗嘱将遗产分给侄子，那侄子就可以继承叔叔的遗产；第二，叔叔没有立遗嘱，如果叔叔没有第一顺序继承人，并且侄子的父亲先于叔叔死亡，那侄子就可以代位继承遗产。

8. 未出生的胎儿有继承权吗?

漫漫和丈夫小明结婚后怀孕了。小明是一名大车司机,一次出车的时候发生了交通事故,不幸去世,留下漫漫和她肚子里尚未出生的胎儿。小明的父母白发人送黑发人。小明生前没有留下遗嘱,两人婚后有套婚房,登记了小明和漫漫两个人的名字,还有一辆半挂车。小明去世后留下的遗产就是婚后夫妻共同财产房子和车辆的一半。法定继承人有配偶漫漫和小明的父母,那么漫漫腹中的胎儿有继承权吗?

《民法典》第一千一百五十五条【胎儿预留份】 遗产分割时，应当保留胎儿的继承份额。胎儿娩出时是死体的，保留的份额按照法定继承办理。

　　《民法典》继承编的解释（一）第三十一条 应当为胎儿保留的遗产份额没有保留的，应从继承人所继承的遗产中扣回。

　　为胎儿保留的遗产份额，如胎儿出生后死亡的，由其继承人继承；如胎儿娩出时是死体的，由被继承人的继承人继承。

⚖ 法律解析

《民法典》改变了旧的《继承法》的规定,从法律上赋予了胎儿继承权,对胎儿的特殊权益做出了保护。无论是法定继承还是遗嘱继承,在分割遗产时,都应当为胎儿保留继承的份额。在胎儿出生前,由其法定代理人也就是母亲漫漫以自己的名义代胎儿行使权利。在胎儿出生后,胎儿就可以作为独立的民事权利主体来行使权利了。

9. 老人与保姆签的遗赠扶养协议有效吗?

老赵的老伴早些年去世了,他们有个儿子在外地上班,工作很忙,没有时间照顾老人的饮食起居,于是儿子给老赵雇了一位保姆。保姆照顾老赵很有耐心,老赵觉得挺感动,于是与保姆签订了一份《遗赠扶养协议》,约定如果保姆照顾老人终身,那么这套房子就归保姆。过了几年,老人又写了份《遗嘱》,要把名下的房子留给自己的儿子。那么问题来了,当《遗赠扶养协议》和《遗嘱》同时存在的话,谁的效力更高呢?

《民法典》第一千一百五十八条【遗赠扶养协议】 自然人可以与继承人以外的组织或者个人签订遗赠扶养协议。按照协议，该组织或者个人承担该自然人生养死葬的义务，享有受遗赠的权利。

《民法典》继承编的解释（一）第三条 被继承人生前与他人订有遗赠扶养协议，同时又立有遗嘱的，继承开始后，如果遗赠扶养协议与遗嘱没有抵触，遗产分别按协议和遗嘱处理；如果有抵触，按协议处理，与协议抵触的遗嘱全部或者部分无效。

《遗赠扶养协议》和《遗嘱》同时存在的话，前者效力高于后者。本案中保姆确实尽心尽力照顾了老赵终身，履行了遗赠扶养协议的义务，所以法院把房子判给了保姆。

第六篇

遇到交通事故，千万别慌

1. 本来无责任，却因逃逸担全责

　　小马下班的时候，骑着一辆电动车往家走。不料身后有一辆同向行驶的二轮摩托车由于行驶过快，与小马骑的电动车发生了剐蹭，摩托车的驾驶员小刘倒地摔伤，电动车和摩托车均有受损。小马见状，停车查看了一下，发现小刘倒地受伤。小马觉得是小刘骑得太快，自己撞上来的。他不想摊上事，所以也没有下车救人，而是骑电动车快速驶离了现场。随后路人拨打了110和120，交警通过查看路口的监控录像，根据电动车号牌锁定了小马。交警告知小马，因为他驾车逃逸，对此事故承担全部责任。小马很纳闷，本来他是正常行驶的，是小刘从后面骑摩托车追的尾，按理说应该是小刘的责任，为何小马承担全责呢？

《道路交通安全法》第七十条第一款 在道路上发生交通事故，车辆驾驶人应当立即停车，保护现场；造成人身伤亡的，车辆驾驶人应当立即抢救受伤人员，并迅速报告执勤的交通警察或者公安机关交通管理部门。因抢救受伤人员变动现场的，应当标明位置。乘车人、过往车辆驾驶人、过往行人应当予以协助。

《道路交通事故处理程序规定》第六十一条 当事人有下列情形之一的，承担全部责任：

（一）发生道路交通事故后逃逸的；

（二）故意破坏、伪造现场、毁灭证据的。

为逃避法律责任追究，当事人弃车逃逸以及潜逃藏匿的，如有证据证明其他当事人也有过错，可以适当减轻责任，但同时有证据证明逃逸当事人有第一款第二项情形的，不予减轻。

法律解析

如果小马不逃逸,而是在事故现场,及时救助伤员,拨打120,同时拨打110报警,并在现场等候,那么这次事故是小刘追尾引起的,小刘就得承担全责。但是小马没有法律意识,怕担事,选择了"逃跑",到最后就会有理也说不清,反而被认定为全责。

所以,大家要记住,发生交通事故,一定要冷静沉着处理,千万不要逃逸。一旦逃逸责任就会跑到自己身上,还得承担对方的医药费,得不偿失。

2. 好意让搭车却发生事故，能否减轻赔偿责任？

小陈骑着二轮摩托车去拉货，结果半路摩托车熄火。正巧碰到邻居小王开着面包车经过，于是小王便载着小陈去找附近的摩托车修理厂修理。不料行车途中，小王驾驶的面包车与小赵驾驶的轿车发生了碰撞，造成小陈受伤，面包车和轿车也有不同程度的受损。

经交警部门认定小王负本次事故的主要责任，小赵负本次事故的次要责任，小陈无责任。

那小陈受伤的损失应该由谁来赔偿呢？小赵驾驶的轿车只投保了交强险，而交强险部分又不能足额赔偿小陈的损失。小陈认为小王和小赵分别承担主次责任，那么超出交强险的部分就让小王承担70%，小赵承担30%。但是小王认为，他是出于好意帮助小陈，才免费让小陈搭乘车辆的。现在出事了，小陈就反过来找小王要赔偿，小王心里觉得委屈。

《民法典》第一千二百一十七条【好意同乘的责任承担】非营运机动车发生交通事故造成无偿搭乘人损害，属于该机动车一方责任的，应当减轻其赔偿责任，但是机动车使用人有故意或者重大过失的除外。

《民法典》第一千二百一十七条的规定，是关于无偿搭乘损害责任的规定。交警部门在处理机动车交通事故时，将责任划分为全部责任、主要责任、同等责任、次要责任和无责任。这些责任的划分是基于交通事故形成原因的分析和认定，是作为认定各方承担责任的重要证据材料。交通事故的责任划分不能等同于侵权责任中的故意或者重大过失。

法律解析

在侵权责任中，过失可根据程度划分为重大过失、一般过失和轻微过失。重大过失一般是指行为人不仅没有达到法律对他较高的要求，甚至连普通人的一般注意义务也未达到，存在极大的疏忽或自我信任的心理状态。本案中小王作为驾驶员，如果是未达到普通人的注意义务，就属于重大过失；如果是未达到驾驶员特定驾驶技术的注意义务，就构成一般过失。

本案中，小王驾驶的面包车与小赵驾驶的轿车，在无信号灯的路口发生了交通事故，事故原因是小王在过路口时没有慢行观察来往车辆，虽然交警认定小王承担本次事故的主要责任，但是小王仅仅是违反了作为驾驶员应当注意的义务，未违反作为普通人的一般注意义务。所以，小王在本次事故中存在一般过失，不存在故意或者重大过失。排除这一点，再适用《民法典》第一千二百一十七条的规定，小王好意让小陈免费搭乘的行为属于助人为乐的行为，应该得到肯定。所以，法院依法减轻了小王承担的责任比例，酌情确定小王承担60%的赔偿责任。

3. 交强险、商业险"次日零时生效"条款有效吗？

2022年3月15日，小徐刚领完驾照就买了一辆新车，并在保险公司投保了交强险和机动车商业险。小徐当即缴纳了保险费用，签订了保险合同。保单显示生成时间是2022年3月15日上午10点，保险期间为2022年3月16日0时起至2023年3月15日24时止。小徐办理完提车手续后，就驾车回家了。结果在2022年3月15日15时左右与一辆轿车发生了追尾事故。经交警部门认定，小徐对该起事故负全部责任，轿车司机不担责。本次事故造成了两辆车不同程度的损伤。

小徐按照保险合同的约定，向保险公司进行理赔。不料保险公司给出的答复是，事故发生在2022年3月15日，而保险合同约定的保险期间是2022年3月16日0时起至2023年3月15日24时止。发生事故的时候保单还未生效，所以保险公司以事故没有发生在保险期间为由，拒绝理赔。小徐有苦难言，保费都缴纳了，保险公司竟然来这一出，于是一纸诉状将保险公司告上了法庭。

《民法典》第四百九十条【合同成立时间】 当事人采用合同书形式订立合同的，自当事人均签名、盖章或者按指印时合同成立。在签名、盖章或者按指印之前，当事人一方已经履行主要义务，对方接受时，该合同成立。

　　法律、行政法规规定或者当事人约定合同应当采用书面形式订立，当事人未采用书面形式但是一方已经履行主要义务，对方接受时，该合同成立。

　　《最高人民法院关于适用〈中华人民共和国保险法〉若干问题的解释（二）》第四条 保险人接受了投保人提交的投保单并收取了保险费，尚未作出是否承保的意思表示，发

> 生保险事故，被保险人或者受益人请求保险人按照保险合同承担赔偿或者给付保险金责任，符合承保条件的，人民法院应予支持；不符合承保条件的，保险人不承担保险责任，但应当退还已经收取的保险费。
>
> 保险人主张不符合承保条件的，应承担举证责任。

法律解析

交强险和机动车商业险保单上显示的"次日零时生效"是否有效呢？

按照《民法典》第四百九十条的规定，小徐在2022年3月15日就与保险公司签订了书面的保险合同，并且缴纳了保费，那么保险合同在2022年3月15日的时候就已经成立。

根据《最高人民法院关于适用〈中华人民共和国保险法〉若干问题的解释（二）》第四条的规定，只要符合承保条件，保险公司接受了投保人提交的投保单并收取了保险费，发生保险事故后，就应当理赔。

本案中，小徐很明显符合保险公司的承保条件，保险公司也出具了保险单、收取了保险费，所以小徐发生交通事故，保险公司应当正常理赔。很多普通的消费者都会认为，交完保费，保险合同就生效了。但是很多保险公司却以行业惯例为由将保险定为次日零时起生效，那么在这半天到一天的时间，若是发生交通事故，理赔就很难得到保障。无法保障投保人的合法权益，也危害到事故受害人的利益。本案最终法院支持了小徐的诉求，保险公司也进行了理赔。

4. 发生交通事故，赔偿项目有哪些，谁来赔偿？

小张驾驶一辆轿车在马路上行驶，在过十字路口时与一辆横向行驶的轿车相撞。该车的驾驶员小石闯红灯，导致两车相撞，造成小张受伤、两车受损的交通事故。发生事故后交警及时到现场处理情况，120急救中心也来到现场紧急救助。

经交警部门责任认定，小石承担本次事故的全部责任，小张属于正常行驶，无责任。小石的车辆投保了交强险和第三者商业险。

小张能主张的赔偿项目有哪些呢？这些赔偿项目由谁来赔偿呢？

《民法典》第一千一百七十九条【人身损害赔偿范围】侵害他人造成人身损害的，应当赔偿医疗费、护理费、交通费、营养费、住院伙食补助费等为治疗和康复支出的合理费用，以及因误工减少的收入。造成残疾的，还应当赔偿辅助器具费和残疾赔偿金；造成死亡的，还应当赔偿丧葬费和死亡赔偿金。

　　《民法典》第一千二百一十三条【交通事故责任承担主体】机动车发生交通事故造成损害，属于该机动车一方责任的，先由承保机动车强制保险的保险人在强制保险责任限额范围内予以赔偿；不足部分，由承保机动车商业保险的保险人按照保险合同的约定予以赔偿；仍然不足或者没有投保机动车商业保险的，由侵权人赔偿。

发生本案的交通事故后正常的处理方法是：小张身体受到伤害，要到医院紧急救治，因治疗而产生的费用一般要等到出院的时候才能确定好；交警部门正常处理交通事故并出具事故认定书，确定本次事故的责任划分；对小张的赔偿责任比例主要按照事故认定书来确定。

小张因本次事故造成的人身伤害和财产损失，可主张的赔偿项目有：医疗费、住院伙食补助费、营养费、误工费、护理费、交通费，造成残疾的会有残疾赔偿金、辅助器具费、精神损失费、鉴定费，造成的车辆损失有车损费。

小张的损失主要由小石车辆投保的保险公司来承担，先由承保交强险的保险公司在交强险的责任限额内进行赔付；不足部分，由承保第三者商业险的保险公司按照事故责任比例进行赔付；仍有不足的，由小石个人按照责任比例承担赔偿责任。因小石承担本次事故的全部责任，所以商业险的保险公司和超出部分小石个人承担的责任比例均是100%。如果是主次责任，一般按照70%、30%来划分责任比例。如果是同等责任一般按照50%、50%来划分责任比例。

⚖ 法律解析

实务中，如果交通事故的双方当事人和保险公司因赔偿数额协商不一致，调解不成，有可能会涉及诉讼。如果打官司，那么交通事故案件的被告都有谁呢？包括驾驶员、车主、交强险的保险公司、商业险的保险公司。在主张的赔偿项目中还会包含一项诉讼费。

如果受害人在交通事故中死亡，还会涉及这些赔偿项目：死亡赔偿金、丧葬费、被扶养人生活费、精神损害抚慰金等。

而交通事故中的财产损害赔偿项目，可能会涉及这些赔偿项目：车辆修理费、车载物品的损失、施救费，从事客运、货运等经营性车辆的合理停运损失，非经营性车辆因无法继续使用所产生的通常替代性交通工具的合理损失，比如交通费。

机动车交通事故案件涉及的证据有哪些？

1. 交通事故责任认定书或道路交通事故证明；

2. 医院救助的相关证明：包括医疗费发票、诊断证明、病历、药用详单等；

3. 误工费的相关证明：包括误工证明、工资流水证明、单位营业执照、劳动合同、法人身份证明等；

4. 护理费的相关证明：包括护理人员与受害人的关系证明、护理人员的误工证明、工资流水证明、单位营业执照、劳动合同、法人身份证明等；

5. 司法鉴定意见书及鉴定费发票（该证据为残疾赔偿金及营养期、护理期、误工期等相关赔偿提供依据）；

6. 车辆损失的证明：包括车损鉴定意见书、鉴定费发票、车辆维修费发票、维修清单等。

注：以上证据为交通事故案件的基本证据，个案所需证据应根据实际案情具体考量。

最后友情提示：车辆保险一定要按需足额投保，否则省钱一时爽，发生事故赔钱泪汪汪！另外，发生事故千万别逃逸，否则责任全归你，商业保险还不赔，只能自掏腰包去赔偿！

5. 交通事故致车辆贬值到底赔不赔？

小程新买了一辆车，才开了不到一个月就被撞变形了。小程对爱车心疼不已，除了对方车辆保险公司答应理赔的车损费，他还要求赔偿新车的贬值费 8 万元。发生事故后，车辆经过维修，虽然车恢复了原状，但是经过评估，贬值了 8 万元。小程认为新车才开了不到一个月就白白损失了 8 万元，这笔损失应该由对方赔偿。

本次事故，交警部门认定对方车辆承担事故的全部责任。然而双方协商未达成一致，小程将对方和保险公司告上了法庭。

法院认为，事故车辆为刚买不到一个月的新车，虽然车辆得到修理，但该车在事故后修复费用较大，部分配件很难完全修复到事故前所具有的质量和性能，更无法达到出厂时的标准。车辆的外观及使用性能虽已恢复，但其使用寿命、安全性能、驾驶操控性能等难以恢复到事故发生前的状态，新车因此事故已经大幅度贬值。在汽车交易市场上，发生过交通事故车辆的估价，显然比无事故车辆要低。综合以上关键点考量，小程的新车贬值费应得到支持。

最高人民法院关于"关于交通事故车辆贬值损失赔偿问题的建议"的答复：

我院在起草《关于道路交通损害赔偿司法解释》征求意见中，对机动车"贬值损失"是否应予赔偿的问题，讨论最为激烈。从理论上讲，损害赔偿的基本原则是填平损失，因此，只要有损失就应获得赔偿，但司法解释最终没有对机动车"贬值损失"的赔偿作出规定。主要原因在于，我们认为，任何一部法律法规以及司法解释的出台，均要考虑当时的社会经济发展情况综合予以判断，目前我们尚不具备完全支持贬值损失的客观条件：

（1）虽然理论上不少观点认为贬值损失具有可赔偿性，但仍存有较多争议，比如因维修导致零部件以旧换新是否存在溢价，从而产生损益相抵的问题等；

（2）贬值损失的可赔偿性要兼顾一国的道路交通实际状况。在事故率比较高、人们道路交通安全意识尚需提高的我国，赔偿贬值损失会加重道路交通参与人的负担，不利于社会经济发展；

　　（3）我国目前鉴定市场尚不规范，鉴定机构在逐利目的驱动下，对贬值损失的确定具有较大的任意性。由于贬值损失数额确定的不科学，导致可能出现案件实质上的不公正，加重侵权人的负担；

　　（4）客观上讲，贬值损失几乎在每辆发生事故的机动车上都会存在，规定贬值损失可能导致本不会成诉的交通事故案件大量涌入法院，不利于减少纠纷。

　　综合以上考虑，目前，我们对该项损失的赔偿持谨慎态度，倾向于原则上不予支持。当然，在少数特殊、极端情形下，也可以考虑予以适当赔偿，但必须慎重考量，严格把握。我们会继续密切关注理论界和审判实务中对于机动车贬值损失赔偿问题的发展动态，加强调查研究，将来如果社会客观条件允许，我们也会适当做出调整。

　　感谢您对人民法院工作的支持。

⚖️ 法律解析

从最高人民法院关于"关于交通事故车辆贬值损失赔偿问题的建议"的答复中可以得知,对车辆贬值费原则上是不支持的,只有在少数特殊、极端的情形下,可以考虑适当赔偿。本案中小程的车辆贬值费获得了支持,很大的原因是小程的车辆是刚买不到一个月的新车,虽然车辆外形得到了修复,但是新车发生事故,各方面的性能没有办法跟出厂时相比,经过鉴定,车辆贬值费也不低,所以理应得到支持。而实务中也有很多案例,车辆贬值费没有得到支持,所以大家应依据个案实际情况来作出判断。

第七篇

当你的人身权遭到侵害时

1. 被隐私视频威胁、骚扰，如何维权？

　　囡囡和小智以前是一对恋人。恋爱期间，小智觉得囡囡太黏人，让他喘不过气，没有自由空间，于是提出了分手。分手后，小智谈了几段恋爱，但是再也找不到当初的感觉。于是，小智就找到囡囡要求复合，却被囡囡拒绝了。囡囡说自己交了新的男朋友，现在的男朋友对她很好，她不想再回到以前的日子了，小智给不了她想要的安全感，两个人长久不了。小智无法接受囡囡离开他的事实，于是把当初囡囡跟他在一起拍摄的隐私视频拿出来威胁她。如果囡囡拒绝跟他和好，小智就把这些隐私视频转发给她的朋友，上传到网上，公开传播。小智不断通过隐私视频去威胁、骚扰囡囡。

　　囡囡不堪其扰，向法院申请了人格权侵害禁令，请求法院禁止小智存储、持有及传播隐私视频，并禁止小智借隐私视频对囡囡实施威胁、骚扰等行为。

《民法典》第九百九十七条【人格权行为禁令】民事主体有证据证明行为人正在实施或者即将实施侵害其人格权的违法行为,不及时制止将使其合法权益受到难以弥补的损害的,有权依法向人民法院申请采取责令行为人停止有关行为的措施。

⚖ 法律解析

法院经过审查认为，该隐私视频中包含了囡囡的个人隐私，属于依法应受到保护的人格权范畴。囡囡提供的电话录音、短信记录和微信聊天记录可以证实小智拍摄隐私视频的经过，并且可以证实小智通过隐私视频的传播威胁囡囡，要求囡囡跟他复合，否则就曝光囡囡的隐私，让囡囡身败名裂。

可见，小智有明显的侵害他人隐私权的主观故意，并且侵害行为正在发生中，如果不及时制止小智的相关行为，囡囡的合法权益可能受到难以弥补的伤害。

法院认为，本案符合《民法典》第九百九十七条规定的法定条件，并依法作出人格权侵害禁令，裁定禁止小智以任何形式存储、持有和传播涉案视频，禁止小智借涉案视频对申请人实施一切威胁、骚扰等行为。

2. 职场不当言语也可构成性骚扰

小莲在一家公司担任会计。近期，她们部门来了一位新同事小王。共事期间，两人合作还是很正常的。过了一个月左右，小王与小莲渐渐熟起来，小王开始找各种理由约小莲下班后一起吃饭。小莲说自己有家庭，还有孩子，下班以后需要早点回去做饭。小莲本来以为这样明确拒绝小王后，就能与他保持一定的距离。谁知小王约会不成，就半夜给小莲打骚扰电话。小莲将电话设置成飞行模式，小王还是不死心，就给小莲发短消息，内容污秽不堪，求爱不成就言语威胁。小莲找到公司领导，把小王发的短消息给领导看。领导出面让小王给小莲写了保证书，保证今后除了工作时间说与工作内容相关的事情，不再联系小莲，绝不影响她的日常生活，恳请小莲的原谅，如果再有类似事情发生，小王就主动辞职，接受公司的任何处理，并承担相应的法律责任。如此消停了一段时间，过了一个月，小王又开始骚扰小莲，发短消息说忘不掉她，控制不住自己。小王见小莲没有回应，情绪极度不稳定，又开始短信轰炸小莲。小莲因为长期被小王骚扰，总是失眠，导致精神状态很差，于是小莲的爱人带她到医院进行治疗。小莲的丈夫为了让小莲重新振作起来，跟她协商一致报了警。

公安机关对小王的行为作出了行政处罚决定书，确认小王多次以发骚扰短信、打骚扰电话的方式对小莲实施性骚扰，干扰了她和家人的正常生活。小王的行为已违法，警方对小王行政拘留10天并处罚款500元。同时在小莲丈夫的支持下，小莲向法院提起了民事诉讼，要求小王对她所受到的伤害进行赔偿。最终法院支持了小莲的各项诉求，判决小王赔偿小莲各项经济损失和精神损失，并书面赔礼道歉。

《民法典》第一千零一十条【性骚扰】违背他人意愿，以言语、文字、图像、肢体行为等方式对他人实施性骚扰的，受害人有权依法请求行为人承担民事责任。

机关、企业、学校等单位应当采取合理的预防、受理投诉、调查处置等措施，防止和制止利用职权、从属关系等实施性骚扰。

法律解析

本案中小王在被小莲明确拒绝后，仍旧违背小莲的主观意愿，对她进行短信骚扰、电话骚扰，侵害了她的人格权利，并对她的身心健康和家庭造成一定程度的伤害。所以公安机关对小王作出的处罚决定和法院作出的赔偿判决，合情合理。

性骚扰的受害对象不仅限于女性，也包括男性。性骚扰的方式不仅包括肢体行为，还包括言语、文字、图像等方式。本案中小王就是通过短信发送文字的方式对小莲实施性骚扰。

《民法典》第一千零一十条对性骚扰的受害者提供了很好的民事责任保障。性骚扰的行为被普通民众深恶痛绝，我国法律也在刑事责任和行政责任方面对性骚扰的法律后果进行了规定。如果大家或者亲戚、朋友在日常生活中遇到性骚扰行为，一定要拿起法律的武器来维护自己和他人的合法权益。

3. 孩子出生能跟母亲姓吗？孩子的姓名可以更改吗？

小何和田田结婚七年，他们有个儿子跟着父亲姓何，第二胎生了女儿，田田想让女儿跟着她姓田，因为她家只有她一个独生女。本来小何没有意见，结果给女儿办出生证明时，小何跟父母商量了一下，父母都不同意。小何的父母认为田田嫁给了小何，就是他们何家的人，为他们家生儿育女、传宗接代都是田田应尽的义务，生了孩子跟着男方姓很正常也很普遍，若是让亲朋好友知道二胎女孩跟女方姓，还不得笑掉大牙？小何的父母为了面子坚决不同意，结果搞得田田坐月子期间跟他们争吵不休，甚至闹到要离婚。

田田认为自己有独立的人格，她为这个家付出这么多，怀胎十月，又生育两个子女，现在儿女双全，怎么就不能让女儿跟自己姓呢？难道这个年代，女人在婆家还是生育的机器，一点地位也没有吗？小何找到他们家一位懂法的长辈，该长辈正好是当地的人民调解员。小何让长辈到他们家来劝和。这个婚小何真不想离，而且现在刚生育二胎，不能因为孩子跟谁的姓这点事就把家拆散了。

《民法典》第一千零一十五条【自然人选取姓氏】 自然人应当随父姓或者母姓，但是有下列情形之一的，可以在父姓和母姓之外选取姓氏：

（一）选取其他直系长辈血亲的姓氏；

（二）因由法定扶养人以外的人扶养而选取扶养人姓氏；

（三）有不违背公序良俗的其他正当理由。

少数民族自然人的姓氏可以遵从本民族的文化传统和风俗习惯。

《民法典》第一千零一十二条【姓名权】 自然人享有姓名权，有权依法决定、使用、变更或者许可他人使用自己的姓名，但是不得违背公序良俗。

《民法典》第一千零一十六条【姓名、名称的登记及其变更不影响之前民事法律行为效力】自然人决定、变更姓名，或者法人、非法人组织决定、变更、转让名称的，应当依法向有关机关办理登记手续，但是法律另有规定的除外。

民事主体变更姓名、名称的，变更前实施的民事法律行为对其具有法律约束力。

法律解析

这名调解员把《民法典》的法律规定搬了出来，告知小何的父母，孩子跟随父姓或者母姓法律都是允许的，甚至还可以在父姓和母姓之外选取其他直系长辈血亲的姓氏。姓名只是个代号，孩子跟谁姓并不能代表什么。不管孩子姓什么叫什么，都是小何和田田的血脉，这是改变不了的。很多传统的老旧观念该摒弃就摒弃，父母不能因为这些形式上的东西去干涉子女的婚姻。如果因此事闹大导致小何和田田离异，对两个孩子的伤害才是最大的。

况且孩子还有决定、变更姓名的权利，孩子未成年的时候由监护人代为申请变更姓名，成年以后，孩子自己就可以申请变更姓名。名字没起好，给日常生活造成影响很大的，当然可以改。比如有位姓王的父亲是个游戏迷，喜得贵子之后给孩子取名叫王者荣耀。你依据自己的喜好给孩子取名字，孩子不一定喜欢，如果孩子在上学以后被周围的同学嘲笑、起外号,他当然有权利去更改自己的姓名;还有些朋友因为名字有生僻字,比如麤(cū)、翾(xuān)、燚(yì)、遘(gòu),对生活造成困扰和影响的,也可以申请变更。直接到当地派出所户籍管理部门提交书面申请,说明理由,按照要求提供材料,就可以变更姓名。当然更改姓名要趁早,年纪大了再改名字,很多证件、档案等信息都要随之更改,会带来很多麻烦。

如果你把法律规定都了解透彻了,对孩子跟谁姓这件事情就不会有太多执念。至于面子不面子的事,只要自己过得踏实舒心,何必那么在意别人的看法?有时候别人的想法只是我们单方面的揣测,其实其他人未必有闲工夫关心你的生活。

最终小何父母终于不再坚持,同意二胎孙女跟其母亲姓田。通过这次事件,田田看到老公小何为之做出的努力,两个人的爱意也越发浓厚。

4. 随意拍摄他人吵架视频上传到网络，侵犯肖像权吗？

玲玲与婆婆关系不和，经常因为家庭琐事吵闹不休。有一天两人又因为谁送孩子去幼儿园而发生了争吵。玲玲觉得自己上班时间紧张，快迟到了，来不及送孩子去幼儿园，让婆婆帮忙送一下，反正婆婆在家也没事做。而婆婆认为玲玲上班工作忙，也赚不了多少钱，还不如在家专心带孩子。婆婆这两天身体不舒服，腰还痛，大大小小的家务事都由她大包大揽了，现在玲玲连送孩子上学都不愿意分担一下，这不是顺路的事吗？两个人公说公有理、婆说婆有理，越吵越凶，几个邻居过来劝架也劝不住，结果围观的人越来越多。好事八卦的人甚至还拿出手机拍摄视频。小青用手机将整个过程都拍下来了，当天就传到了网上。网上看热闹的不嫌事大，还将吵架视频转发传播。结果这条视频播放量超过了1万，玲玲的领导和同事都刷到了这条视频，都在背后议论她，让玲玲很是难堪。玲玲觉得无颜再见人了，因此辞掉了工作，每天在家待着，很是抑郁。本来婆媳争吵是很多家庭都存在的矛盾，但是因为这条视频被传到了网上，给玲玲和婆婆的日常生活造成了很大的困扰。玲玲的老公为了让妻子和母亲能够重新回归正常的生活，决定将拍摄和上传视频的小青告上法庭，要求她删除视频，停止侵害，消除影响并且赔礼道歉。

《民法典》第一千零一十九条【肖像权消极权能】 任何组织或者个人不得以丑化、污损，或者利用信息技术手段伪造等方式侵害他人的肖像权。未经肖像权人同意，不得制作、使用、公开肖像权人的肖像，但是法律另有规定的除外。

　　未经肖像权人同意，肖像作品权利人不得以发表、复制、发行、出租、展览等方式使用或者公开肖像权人的肖像。

　　《民法典》第一千零二十条【肖像权的合理使用】 合

理实施下列行为的，可以不经肖像权人同意：

（一）为个人学习、艺术欣赏、课堂教学或者科学研究，在必要范围内使用肖像权人已经公开的肖像；

（二）为实施新闻报道，不可避免地制作、使用、公开肖像权人的肖像；

（三）为依法履行职责，国家机关在必要范围内制作、使用、公开肖像权人的肖像；

（四）为展示特定公共环境，不可避免地制作、使用、公开肖像权人的肖像；

（五）为维护公共利益或者肖像权人合法权益，制作、使用、公开肖像权人的肖像的其他行为。

⚖ 法律解析

本案中小青虽然没有利用拍摄的视频去谋取利益，但是这种随意拍摄他人视频上传到网络上，并且不进行任何变声或者打马赛克的后期剪辑，让认识视频主角的人通过面容、声音、体态等很容易锁定当事人的行为已经严重侵害到了当事人的肖像权和利益。当事人有权要求小青删除视频停止侵害，消除影响并且赔礼道歉。如有精神方面的损害，还可向小青主张精神损害赔偿。

现在网络传播速度快和信息化程度高，这让公民的个人信息和肖像权很难得到保障。正是因为如此，才需要法律不断完善，去约束他人侵害肖像权的种种行为。惩罚不是目的，运用法律给民众普法，提高他们的自我保护意识和保护他人隐私权、肖像权的意识，才能给民众一个安全的生存环境。网络环境需要大家共同去维护。

5. 乘坐扶梯被偷拍,要求删除却遭拒绝怎么办?

芳芳下班以后同闺密一起逛商场,在乘坐扶梯时,被下方一位男士偷拍裙底。闺密发现后,要求男士删除照片,男士却拒绝删除,还振振有词地说,这是他自己的手机,他想拍什么就拍什么,没有往外传,也没有发到网上,怎么就犯法了?芳芳和闺密跟这位男士越吵越凶,引来很多人围观,保安也过来了,男士还是拒绝删除照片。无奈之下,保安拨打了报警电话。办案民警来了之后对男士进行批评教育,并且告知他手机照片不能随便拍,即使

不外传、不发到网上也不行。看看《民法典》是怎么规定的。

> 《民法典》第一千零三十二条【隐私权】 自然人享有隐私权。任何组织或者个人不得以刺探、侵扰、泄露、公开等方式侵害他人的隐私权。
>
> 隐私是自然人的私人生活安宁和不愿为他人知晓的私密空间、私密活动、私密信息。
>
> 《民法典》第一千零三十三条【隐私权侵害行为】 除法律另有规定或者权利人明确同意外，任何组织或者个人不得实施下列行为：
>
> （一）以电话、短信、即时通讯工具、电子邮件、传单等方式侵扰他人的私人生活安宁；
>
> （二）进入、拍摄、窥视他人的住宅、宾馆房间等私密空间；
>
> （三）拍摄、窥视、窃听、公开他人的私密活动；
>
> （四）拍摄、窥视他人身体的私密部位；
>
> （五）处理他人的私密信息；
>
> （六）以其他方式侵害他人的隐私权。

⚖ 法律解析

男士的偷拍行为就违反了《民法典》第一千零三十三条第四款的规定，不得拍摄、窥视他人身体的私密部位。在办案民警的批评教育和普法宣传下，男士主动将手机中的照片删除了。《民法典》细化了私人生活安宁、私密空间、私密活动、私密部位、私密信息的隐私权保护内容，让隐私权的保护有法可依，更有利于规范人民的日常行为。

我们不能要求女性出门着装保守，而是要给她们营造安全的生活环境，想穿裙子就穿裙子，想穿短裤就穿短裤，让花儿在骄阳下绚烂地盛开。知法、懂法、守法是每位公民应尽的义务，尊重人格权、尊重隐私权才能保障每位公民的权利。

6. 个人信息受法律保护，非必要不公开、不提供

某调查公司在商场开展调查工作，主要是对超市商品需求情况进行调查，填写完调查问卷就可以获得一个小礼品。调查问卷中包含消费者的姓名、年龄、住址、联系电话等信息，同时包含了对超市商品需求情况的一些问题。调查公司要求被调查人在调查表内填入消费者个人信息，才能领取到礼品。

调查公司这种做法合法吗？这种调查行为需要经过消费者同意，如果消费者自愿，可以填写调查问卷。调查公司在处理消费者的个人信息时必须按照法律规定的原则和条件来。调查公司不得泄露或者篡改其收集、存储的个人信息；未经消费者同意，也不得向他人非法提供个人信息，但是经过加工无法识别特定个人且不能复原的除外。

⚖ 法律解析

（一）什么是个人信息？

> 《民法典》第一千零三十四条【个人信息的定义】自然人的个人信息受法律保护。
>
> 个人信息是以电子或者其他方式记录的能够单独或者与其他信息结合识别特定自然人的各种信息，包括自然人的姓名、出生日期、身份证件号码、生物识别信息、住址、电话号码、电子邮箱、健康信息、行踪信息等。
>
> 个人信息中的私密信息，适用有关隐私权的规定；没有规定的，适用有关个人信息保护的规定。

（二）处理个人信息应当遵循什么原则和条件？

《民法典》第一千零三十五条【个人信息处理的原则和条件】处理个人信息的，应当遵循合法、正当、必要原则，不得过度处理，并符合下列条件：

（一）征得该自然人或者其监护人同意，但是法律、行政法规另有规定的除外；

（二）公开处理信息的规则；

（三）明示处理信息的目的、方式和范围；

（四）不违反法律、行政法规的规定和双方的约定。

个人信息的处理包括个人信息的收集、存储、使用、加工、传输、提供、公开等。

（三）处理个人信息需要注意哪些问题？

《民法典》第一千零三十六条【处理个人信息免责事由】处理个人信息，有下列情形之一的，行为人不承担民事责任：

（一）在该自然人或者其监护人同意的范围内合理实施的行为；

（二）合理处理该自然人自行公开的或者其他已经合法公开的信息，但是该自然人明确拒绝或者处理该信息侵害其重大利益的除外；

（三）为维护公共利益或者该自然人合法权益，合理实施的其他行为。

《民法典》第一千零三十七条【个人信息主体的权利】自然人可以依法向信息处理者查阅或者复制其个人信息；发现信息有错误的，有权提出异议并请求及时采取更正等必要措施。

自然人发现信息处理者违反法律、行政法规的规定或者双方的约定处理其个人信息的，有权请求信息处理者及时删除。

《民法典》第一千零三十八条【信息处理者的信息安全保障义务】信息处理者不得泄露或者篡改其收集、存储的个人信息；未经自然人同意，不得向他人非法提供其个人信息，但是经过加工无法识别特定个人且不能复原的除外。

信息处理者应当采取技术措施和其他必要措施，确保其收集、存储的个人信息安全，防止信息泄露、篡改、丢失；发生或者可能发生个人信息泄露、篡改、丢失的，应当及时采取补救措施，按照规定告知自然人并向有关主管部门报告。

《民法典》第一千零三十九条【国家机关、承担行政职能的法定机构及其工作人员的保密义务】国家机关、承担行政职能的法定机构及其工作人员对于履行职责过程中知悉的自然人的隐私和个人信息，应当予以保密，不得泄露或者向他人非法提供。

（四）作为普通公民，在个人信息保护方面，应当注意哪些问题呢？

1. 提高警惕，谨慎处理个人信息。

①在商场、超市或者其他公共场所内不随意填写调查问卷；

②包含个人信息的文件，比如快递单、飞机票、火车票、住院单等，消除个人信息后再丢弃；

③不贪小便宜，不要为领小礼品而随意扫码，不在公共场所随意连接未知 Wi-Fi；

④不在朋友圈公开自己的健康码等重要的个人信息；

⑤使用未知应用程序，不要随意填写个人信息，谨慎上传身份证件照片等。

2. 发现违法犯罪行为可拨打 110 报警，警方严厉打击侵犯公民个人信息罪。

3. 了解和学习个人信息保护方面的法律知识，当个人信息被泄露或被违法使用后，及时寻求司法救助，用法律武器保护自身合法权益。

第八篇

你应该知道的物权常识

1. 没有预售证的房子能买吗？

买新建商品房，一定要看清楚销售方有没有《商品房销售(预售)许可证》，没有《商品房销售(预售)许可证》的房子不要买。

2016年5月，小丽与某开发商签订了《售房合同书》，合同约定某开发商将其开发的南山城1号中一套面积为70平方米的房屋出售给小丽，房屋价格为56万元，2018年10月末竣工验收后，2年内办理不动产登记证书。签订合同当日，小丽向开发商支付了购房款23万元，剩余款项交房时补全。该开发商收到购房款后，房屋一直未竣工验收。转眼时间就来到了2020年，小丽实在等不及了，只能去找开发商退钱，可是开发商以当时售楼人员离职、时间太久记不清了为由，睁眼说瞎话，拒绝给小丽退款。无奈之下，小丽只能到法院起诉。

最终法院以开发商没有取得《商品房销售(预售)许可证》为由，认定购房合同无效，判决开发商全额退款，立即向小丽退还23万元房款及相应的利息。法院判决之后，开发商还是没有退钱，小丽于是申请了强制执行。进入执行程序后，执行法官告知小丽，开发商在外欠了好几千万元，目前开发商除项目工地上被查封了好几遍的在建工程以外，没有任何财产可供执行。

法律解析

买了没有获得《商品房销售(预售)许可证》的房子可以申请退房退款，预售房产的开发商应当持有合法有效的《商品房销售(预售)许可证》，未取得《商品房销售(预售)许可证》进行预售的行为，属于违法行为，与买受人订立的商品房预售合同应当认定为无效，但在起诉前取得合法有效《商品房销售(预售)许可证》的可以认定为有效。

在实践中，如果你买的房子没有《商品房销售(预售)许可证》，将来烂尾的风险是非常大的。如果没有《商品房销售(预售)许可证》，这个房地产项目可能连土地证都没有，这个项目一旦被认定成违章建筑，甚至有被拆除的风险。

在买房的时候，如果自己搞不清楚这个项目的具体信息，就多去找专业人士打听一下，也可以去当地房产管理部门进行咨询。如果你一不小心把钱交给了没有开发资质的开发商，再想把钱要回来可就难了。

> 《城市房地产管理法》第四十五条 商品房预售，应当符合下列条件：
> （一）已交付全部土地使用权出让金，取得土地使用权证书；
> （二）持有建设工程规划许可证；
> （三）按提供预售的商品房计算，投入开发建设的资金达到工程建设总投资的百分之二十五以上，并已经确定施工进度和竣工交付日期；
> （四）向县级以上人民政府房产管理部门办理预售登记，取得商品房《商品房销售（预售）许可证》明。
> 商品房预售人应当按照国家有关规定将预售合同报县级以上人民政府房产管理部门和土地管理部门登记备案。
> 商品房预售所得款项，必须用于有关的工程建设。

买商品房一定要先看五证，即《国有土地使用证》《建设用地规划许可证》《建设工程规划许可证》《建设工程施工许可证》《商品房销售（预售）许可证》。除此以外，尽可能买资质高、实力强、讲信誉的大开发商销售的房屋，尽可能买现房，不买期房。

最后再提醒各位准备买房的朋友，查看五证的时候一定要看原件，因为复印件很容易造假，这也是很多法庭在交换证据的时候都要对照原件的原因。另外，还要搞清楚你所购买或者预购的房屋是不是在销售或者预售的范围之内，从而确保将来可以顺利办理产权证书。

2. "小产权房"能买吗?

商品房买不起,就买"小产权房",这样可行吗?

亮亮到了结婚的年龄,女朋友和她的家人一直在催婚买房。但是亮亮刚毕业,工作时间不长,没有攒下多少积蓄,仅凭父母的帮助也只能在所在的城市买个"小产权房"。无奈之下,亮亮拿着家里给凑的110万元在当地村民程某的手上买下一处私宅。双方签订了《私宅买卖合同》,亮亮一次性向程某支付了110万元,程某把房子交付给亮亮。程某当时承诺这处房产过几年就能办理过户登记,到时候想转卖过户没有一点影响,亮亮轻信了这一说辞。谁知过了四五年,这套房子还是无法办理过户登记。于是亮亮将程某告上了法庭,要求程某退还购房款,支付利息,并赔偿装修费10万元。

经法院查明,这套房产不属于商品房,是"小产权房",无法上市交易,买卖"小产权房"不受法律保护。法院认定《私宅买卖合同》无效,最终判决程某向亮亮退还购房款并按照银行同期贷款利率支付利息,同时赔偿亮亮装修费的损失;而亮亮则向程某返还涉案房产，并按照当地租金标准向程某支付房屋占用期间的使用费。

⚖ 法律解析

"小产权房"是什么意思呢？它并不是一个法律概念，而是人们在日常生活中约定俗成的一种称谓。"小产权房"的性质一般分为两种：一种是在集体建设用地上建成的，就是大家理解的在农村宅基地上建成的房子，一般只能在农村集体内转让买卖，外村人或者城里人不能购买；另一种是在集体企业用地或者占用耕地而违法建设的房屋，这类房屋属于违章建筑，更不受法律保护。

随着经济的发展，商品房的价格水涨船高，很多想买房的人都采取贷款买房的方式，但是仍有一部分人对购买房子望而却步。有的人为了结婚买婚房，有的人买房是刚需，为了让孩子有更好、更舒适的成长环境。而正规的商品房价格太高，许多家庭难以负担，即使贷款，还贷压力也很大。很多人就将眼光放在了价格相对便宜的"小产权房"上。同一地区，"小产权房"的价格仅仅是商品房价格的三分之一，甚至更低。这是很多购房者顶着产权风险购买"小产权房"的主要原因。那么"小产权房"可以买吗？需要提醒大家，虽然"小产权房"以低价格吸引购房者，但是其低价格的背后却需要承担高风险。

本案中，亮亮就是从村民程某手中买了一套属于集体土地上的宅基地房产。这类房产不能向集体以外的人群出售，没有办法办理不动产权证，无法完成产权过户。那么亮亮的权益就无法得到保障。

实务中还有很多案例，如"小产权房"的出售方又将房子一房二卖，甚至一房多卖；与其他人签订了房屋买卖协议，最终收取多方购房款，携款而逃，等等。这导致购房人或者其他第三人的利益无法得到保障，即使打赢官司，也很难追回钱款。所以买"小产权房"务必谨慎。

此外，购买"小产权房"后，如果遇到国家征地拆迁，由于"小产权房"没有国家认可的合法产权，购房者并非合法的产权人，购房者与卖房者之间的买卖关系不受法律保护,无法得到相应的产权拆迁补偿。如果"小产权房"因违反国家政策停建甚至被强制拆除,购房者很可能面临既无法取得房屋,又不能索回房款的尴尬局面。更有甚者,一些无良开发商在建造"小产权房"屋时,为赚钱而偷工减料。这些房产建造时手续不全,各种证件没有依法获得批准,属于私自建造的房屋,那么职能部门就很难监管到这些房子。

在实务中,很多"小产权房"在后续使用过程中质量不过关,出现墙体裂缝、房屋漏水等质量问题。因贪小便宜购买了"小产权房",到最后只能自己吃亏,不仅要遭受经济方面的损失,甚至还可能威胁人身安全。一旦发生房屋质量纠纷,购房者根本无法保障自身合法权益。

3. 买房子定金与订金的区别

老张打算买一套二手房，让儿子和儿媳搬过来跟自己同住一个小区，也方便帮小两口照顾孙子。在中介的介绍下，老张看上了一套三室的房子，中等楼层，采光也不错，距离老张的住宅只隔一栋楼。于是在中介的撮合下，老张与房主签订了《房屋买卖合同》，支付了定金1万元。第二天儿子和儿媳来看房子，跟周边的邻居打听了一下，发现原来房主楼上的住户经常日夜弹钢琴，而且不做任何的隔音措施，琴声十分扰民，楼上楼下邻里关系非常紧张，所以房主才着急出售这套房子。

老张知道这件事后，觉得中介不靠谱，没有事先调查告知他，就找中介要解除《房屋买卖合同》。中介联系了房主，房主出面说不买房子可以，但是老张交的1万元定金就退不了了。老张拿着合同找到律师，想问这1万元的定金到底能不能退。

《民法典》第五百八十六条【定金担保】 当事人可以约定一方向对方给付定金作为债权的担保。定金合同自实际交付定金时成立。

定金的数额由当事人约定；但是，不得超过主合同标的额的百分之二十，超过部分不产生定金的效力。实际交付的定金数额多于或者少于约定数额的，视为变更约定的定金数额。

《民法典》第五百八十七条【定金罚则】 债务人履行债务的，定金应当抵作价款或者收回。给付定金的一方不履行债务或者履行债务不符合约定，致使不能实现合同目的的，无权请求返还定金；收受定金的一方不履行债务或者履行债务不符合约定，致使不能实现合同目的的，应当双倍返还定金。

《民法典》第五百八十八条【违约金与定金竞合时的责任】当事人既约定违约金，又约定定金的，一方违约时，对方可以选择适用违约金或者定金条款。

定金不足以弥补一方违约造成的损失的，对方可以请求赔偿超过定金数额的损失。

定金与订金不同，老张与房主签订的《房屋买卖合同》中约定的是定金1万元，那么意味着如果老张继续履行合同，这1万元定金可以算作房款的一部分；如果老张不想购买这套房子了，定金1万元是退不了的；如果房主不想卖这套房子了，是要双倍返还1万元定金的，也就是房主要支付给老张2万元。经过律师的讲解，老张实在不想要这套房子了，于是定金1万元就不退了，双方解除了《房屋买卖合同》。

⚖ 法律解析

（一）什么是定金？

所谓定金，是订立合同的双方为了保障合同的履行，双方约定由购买方在合同订立时或者合同订立后履行之前，按照合同的总标的额的一定比例（一般不超过20%），预先支付给出卖方的金钱或者其他替代物。如果双方依约履行完了合同，定金可以作为合同总标的额的一部分，不再退还。

（二）什么是订金？

订金是人们在日常生活交易中的一个习惯用语，法律上对订金并没有明确的规定。与定金相比，订金没有特殊的法律含义，仅作为预付款的代称。如果购买方、出卖方一方违约，或者其他原因导致合同没办法继续履行的，订金作为预付款都是要退还的。总而言之，订金不具有担保合同签订和履行的法律含义。

（三）定金和订金的区别是什么？

依据上述定义，总结三点区别：

1.两者性质不同：定金具有法律含义，担保合同的签订和履行；订金只是人们生活中约定俗成的习惯用语，仅代表预付款的含义，不能担保合同的签订和履行。

2.两者的法律后果不同：定金具有定金罚则的概念，支付定金后，如果购买方违约拒绝继续履行合同义务，则定金不予返还；如果出卖方违约拒绝继续履行合同义务，则定金要双倍返还；如果合同正常履行，那么定金作为合同价款的一部分，从标的额中扣除，不再返还。订金没有法律上的约束，只是预付款，如果合同没办法继续履行，不管是购买方的原因还是出卖方的原因，作为订金都需要退还购买方；如果合同正常履行，那么订金作为预付款，抵扣合同的部分价款，不予退还了。

3.两者的数额限制不同：根据《民法典》第五百八十六条的规定，定金的数额不得超过主合同标的额的百分之二十，超过部分不产生定金的效力。而订金的数额，法律没有限制，完全由当事人自由约定。

如果合同当事人在签订合同时，将定金写成了订金，还约定购买方给付订金后不履行约定义务的，无权要求返还订金；出售方收到订金后不履行约定义务的，应当双倍返还订金。虽然写的是订金，但是具有了定金的含义，这时按照双方的约定来作出判断。

4. 不交物业费，物业公司能停水停电吗？

李某是小区的业主。他所居住的楼栋门口摆放着垃圾桶，而由于物业公司服务不到位，垃圾桶清理不及时，导致垃圾乱堆乱放，每次李某出门都会闻到难闻的气味。物业公司对小区的停车位也管理不当，导致车辆经常乱停乱放。于是李某便协同六位邻居，拒交物业费。李某和邻居们拖欠了11个月的物业费，物业公司便对拖欠物业费的业主实施停水停电的措施。最终矛盾激化，小区成立了业主委员会，业主委员会通过投票将物业公司解聘。由于李某和六位邻居对物业公司的服务不满，长时间未交物业费，物业公司虽然被解聘，但还是将七家业主告上了法庭。

最终法院认定，即使业主不交物业费，物业公司也无权停水停电。供水供电是业主与自来水公司及供电局之间签订的供水、供电合同关系，只有当业主出现合同约定和国家规定的情形时，自来水公司或供电公司才有权停止供水、供电。物业公司是提供物业服务的，而供水供电是供水和供电部门的职责，物业公司利用工作之便采取这种行为，肯定是不对的。七家业主也提供了对物业公司物业服务不满的证据，证明了物业公司未尽到物业服务合同的义务。考虑到物业公司已经被解聘，物业公司所提供的服务确实存在问题，所以判决七家业主酌情支付一半的物业费，案件当事人均未上诉。

《民法典》第二百七十七条【业主自治管理组织的设立及指导和协助】业主可以设立业主大会，选举业主委员会。业主大会、业主委员会成立的具体条件和程序，依照法律、法规的规定。

地方人民政府有关部门、居民委员会应当对设立业主大会和选举业主委员会给予指导和协助。

《民法典》第二百七十八条【业主共同决定事项及表决】下列事项由业主共同决定：

（一）制定和修改业主大会议事规则；

（二）制定和修改管理规约；

（三）选举业主委员会或者更换业主委员会成员；

（四）选聘和解聘物业服务企业或者其他管理人；

（五）使用建筑物及其附属设施的维修资金；

（六）筹集建筑物及其附属设施的维修资金；

（七）改建、重建建筑物及其附属设施；

（八）改变共有部分的用途或者利用共有部分从事经营活动；

（九）有关共有和共同管理权利的其他重大事项。

业主共同决定事项，应当由专有部分面积占比三分之二以上的业主且人数占比三分之二以上的业主参与表决。决定前款第六项至第八项规定的事项，应当经参与表决专有部分面积四分之三以上的业主且参与表决人数四分之三以上的业主同意。决定前款其他事项，应当经参与表决专有部分面积过半数的业主且参与表决人数过半数的业主同意。

《民法典》第二百八十五条【业主和物业服务企业或其他管理人的关系】物业服务企业或者其他管理人根据业主

的委托，依照本法第三编有关物业服务合同的规定管理建筑区划内的建筑物及其附属设施，接受业主的监督，并及时答复业主对物业服务情况提出的询问。

物业服务企业或者其他管理人应当执行政府依法实施的应急处置措施和其他管理措施，积极配合开展相关工作。

⚖ 法律解析

不交物业费，物业公司也无权停水停电。物业公司和业主的确是服务与被服务的关系，而物业停水停电的行为也是《物业管理条例》中明令禁止的。业主欠物业费，物业可以通过司法途径解决，停水停电只能激化矛盾，对解决问题没有丝毫帮助。

业主收房时，一般由建设单位聘请的物业服务公司提供物业服务。如果业主对物业公司的服务不满，可及时成立业主委员会，一方面能更好地与物业公司沟通，共治共管，维护自身的权益；另一方面，如果物业公司拒绝沟通，依旧我行我素，那么业主委员会有权利将物业公司解聘，可以自行管理也可以另外委托其他的物业公司提供服务。

5. 业主在小区内停车，物业有权收费吗？

小东作为业主买房之后在小区内停车，却被物业收取停车费。物业在小区的公共区域内规划车位，还想卖给车主，如果不买，就每月按时支付物业车位费，否则就不能在小区内停车。很多业主不想抗争便乖乖交了费，可是物业收了停车费，却不给车主开具发票，没有任何凭证和手续。有的业主买了停车位，却被告知物业公司出售的是地下人防车位，不会协助业主办理产权证，购买这种车位就只享有使用权，没有产权，一旦政府要征用，就会被无条件收回，一点保障也没有。对于地上的车位，物业出租或出售的收益本该归全体业主共同所得，如今却成了物业公司敛财的方式。

对于这种情况，小东作为业主也是深感无奈：好不容易买了套属于自己的房子，有了安身立命的地方，不料最后还被物业坑。就算是空着的无产权车位，物业也不让免费停车。

作为业主，应对以下权利明知：

《民法典》第二百七十四条【建筑区划内道路、绿地等的权利归属】 建筑区划内的道路，属于业主共有，但是属于城镇公共道路的除外。建筑区划内的绿地，属于业主共有，但是属于城镇公共绿地或者明示属于个人的除外。建筑区划内的其他公共场所、公用设施和物业服务用房，属于业主共有。

《民法典》第二百七十五条【车位、车库的归属】 建筑区划内，规划用于停放汽车的车位、车库的归属，由当事人通过出售、附赠或者出租等方式约定。

占用业主共有的道路或者其他场地用于停放汽车的车位，属于业主共有。

> 《民法典》第二百七十六条【车位、车库的首要用途】建筑区划内，规划用于停放汽车的车位、车库应当首先满足业主的需要。
>
> 《民法典》第二百八十二条【共有部分的收入分配】建设单位、物业服务企业或者其他管理人等利用业主的共有部分产生的收入，在扣除合理成本之后，属于业主共有。
>
> 《民法典》第二百八十三条【建筑物及其附属设施的费用分担和收益分配】建筑物及其附属设施的费用分摊、收益分配等事项，有约定的，按照约定；没有约定或者约定不明确的，按照业主专有部分面积所占比例确定。

法律解析

事实上，小区是全体业主的共同私有空间，物业公司只是一个服务性企业，物业公司没有权利强制收取业主停车费。若物业公司侵害到业主的权利，可由业主委员会出面维护自身权益，如确有必要，可更换物业公司。

6. 买房合同里不要少了这句话

小刚和小丽准备为了结婚买一套婚房。看了大概半年，两人想通过中介签订合同，买一套二手房。谨慎起见，他们拿着中介处的制式合同去当地律所咨询：签订《房屋买卖合同》的注意事项有哪些？这份合同有什么对他们不利的，或者需要补充的条款吗？

如果你准备买房，尤其是贷款买房，不管是签订中介合同还是买房合同，一定要在合同上加上这样一句话，"若银行贷款环节无论什么原因导致贷款审核不通过，则合同解除，并全部退还已经支付的定金、中介费、首付款等"。一般中介制式合同最后会有补充条款一栏，在这里手写填上就行，有经验的中介工作人员一般会主动提出来，经过买卖双方的同意，进行签订。有些朋友去开发商处购买新房，存在贷款的情况，也可以提出增加这一条款的诉求，正规的开发商工作人员都是会同意的，如果不同意添加这一条款，一定要谨慎签订，防止对方有意收取你的定金、首付款不退。不要碍于面子不好意思提。这一条款能够避免因购房者个人收入低、银行流水不够，无法正常贷款，又无力一次性支付全款导致违约而产生的损失。有了这句话，等于你进了保险箱，如果贷款不通过，那么房子可以不买，也不用承担任何违约责任。面子不能当钱使，加上了这一条款若是用得上，就能轻松挽回你几十万的损失。

> 买房时一定要注意这一点：
> 若银行贷款环节无论什么原因导致贷款审核不通过，则合同解除，并全部退还已经支付的定金、中介费、首付款等。

按揭买房，如何还贷最省钱？

如果你攒了一笔钱，想先还一部分房贷以减轻压力，但不主动咨询的话，银行职员是不会告诉你的，他们会默认还款方式是年限不变，月供减少。这里有一个细节，也是银行的潜规则。这种情况银行是允许选择还款方式的，这时你一定要选择"月供不变，年限减少"。

举个例子，假设你贷款100万，按揭30年，已经还贷两年了，准备提前还一部分款，那么还款10万的话，如果选择"年限不变，月供减少"，总利息会节省9万；而如果选择"年限减少，月供不变"，总利息能节约25万之多。

所以，提前还款一定要选择"年限减少，月供不变"的还款方式。

最后提醒各位买房的朋友，一定要看有没有设居住权

买房时，不只要看这个房子有没有被抵押，有没有租户，有没有被查封，还要看这个房子有没有设居住权，这是一个全新的概念。只要这个房子设了居住权，就算你把房子买下来，也没有权利赶走人家，直到他居住权的期限届满。

《民法典》第三百六十六条【居住权的定义】居住权人有权按照合同约定，对他人的住宅享有占有、使用的用益物权，以满足生活居住的需要。

《民法典》第三百六十七条【居住权合同】设立居住权，当事人应当采用书面形式订立居住权合同。

居住权合同一般包括下列条款：

（一）当事人的姓名或者名称和住所；

（二）住宅的位置；

（三）居住的条件和要求；

（四）居住权期限；

（五）解决争议的方法。

7. 房子70年产权到期后该怎么办？

阳阳的父母过世得早，从小他就跟着爷爷生活。爷爷年纪大了，他名下有一套楼房，想赠与孙子。房子顺利地办理了过户，拿到不动产权证后，细心的阳阳发现，"使用期限"一栏中显示：2000年8月9日起至2070年8月8日止。阳阳开始担心，怎么爷爷赠与的房子还有使用期限呢？到期以后这房子该归谁呢？到时候还用不用再交钱？面对这些疑问我们看看《民法典》是怎么规定的。

《民法典》第三百五十九条【建设用地使用权的续期】住宅建设用地使用权期限届满的，自动续期。续期费用的缴纳或者减免，依照法律、行政法规的规定办理。

非住宅建设用地使用权期限届满后的续期，依照法律规定办理。该土地上的房屋以及其他不动产的归属，有约定的，按照约定；没有约定或者约定不明确的，依照法律、行政法规的规定办理。

《不动产权证书》上的"使用期限"不是房屋所有权期限，而是国有建设用地使用权期限。自然资源部有关负责人曾介绍："土地上有房屋、构筑物的，由于房屋所有权无使用期限，因此只填写土地出让合同中记载的土地使用权起止日期，如'国有建设用地使用权××××年××月××日起××××年××月××日止'。海域上有构（建）筑物的，只填写海域使用权的起止日期，填写'海域使用权××××年××月××日起××××年××月××日止'。土地所有权以及划拨土地使用权、宅基地使用权等未明确权利期限的不填写。"

《城镇国有土地使用权出让和转让暂行条例》第十二条土地使用权出让最高年限按下列用途确定：

（一）居住用地七十年；

（二）工业用地五十年；

（三）教育、科技、文化、卫生、体育用地五十年；

> （四）商业、旅游、娱乐用地四十年；
>
> （五）综合或者其他用地五十年。
>
> 《农村土地承包法》第二十一条 耕地的承包期为三十年。草地的承包期为三十年至五十年。林地的承包期为三十年至七十年。
>
> 前款规定的耕地承包期届满后再延长三十年，草地、林地承包期届满后依照前款规定相应延长。

房屋产权年限如何划分呢？

房屋产权分为房屋所有权和土地使用权，房屋所有权是永久性的，而土地使用权有年限，使用年限从该地块取得之日起算，居住用地为70年，工业用地为50年，商业用地为40年。

70年的房屋产权怎么计算呢？比如本案中，开发商2000年获得土地批租权，2004年商品房建完进行销售，2005年阳阳的爷爷买了房子，后又转赠给阳阳。土地使用权期限从开发商购地就开始计算了。所以阳阳的房屋土地使用权是从2000年8月9日起至2070年8月8日止。

那么，70年的土地使用权到期后，房子该怎么办呢？房子还属于阳阳吗？答案是肯定的。

《民法典》第三百五十九条的规定，住宅建设用地使用权期限届满的，自动续期。续期费用的缴纳或者减免，依照法律、行政法规的规定办理。可以确定的是，土地使用权满70年之后，可以自动续期,不用担心土地被收回。续期是否缴纳费用暂未明确,有减免的可能。目前,大多数住宅建设用地使用权尚未到期,所以法院面临的相关争议较少。

举个例子,2016年深圳长城大厦一套住宅申请土地使用年限延期20年,花费了4.5万元。

8. 房产证加上孩子的名字有什么好处？

很多感情破裂的夫妻在离婚的时候会选择把房子过户到孩子名下。小王和小芳的婚姻走到了尽头，在财产分割方面，两人都有意将房子的份额赠与儿子欢欢。儿子还未成年，想把房子过户到孩子名下，前提是房子不能有贷款。买房子的时候写孩子的名，或是把房产赠与未成年的孩子，有利也有弊。

首先说房子登记在孩子名下有哪些好处：

第一，买房时直接加上孩子的名字，将来就可以不用再通过买卖、赠与、继承的方式把房子过户给孩子，可以省去一部分相应的税费；

第二，如果夫妻双方感情破裂闹离婚，也不会分割孩子名下的房产；

第三，房产证上加上孩子的名字就属于孩子的婚前个人财产，将来如果孩子结婚，感情不和闹离婚，也不会分割孩子名下的房产。

还有些朋友会说："加上孩子的名字，如果夫妻双方负债太多导致破产的、无能力还债的，那么也可以保留住孩子名下相应的份额。"这种说法是错误的。未成年子女名下的房产，如果查明来源是父母购买的，或父母赠与的，那么如果夫妻俩负债太多，在执行的时候，也可以执行未成年子女名下的财产。

当然，房子登记在未成年子女名下，也存在一些弊端：

第一，不能有贷款，因为作为未成年人，主要靠父母来抚养，没有收入来源，更没有能力来偿还贷款；

第二，在子女未成年时，想将房屋再过户到别人名下，会受到很大限制。因为房产在孩子名下就算作孩子的财产了，如果监护人想办理过户，前提是有对等价值，出具为孩子利益而过户房产的书面保证，否则会认定为侵犯孩子财产权的行为。

第三，孩子年满18周岁，或者年满16周岁、以自己的劳动收入为主要生活来源的，视为完全民事行为能力人。这时他可以自行办理房产过户手续。如果孩子心智不够成熟，受人蛊惑，将房产轻易转赠给他人，那么就会导致损失惨重。

《民法典》第三十五条【监护人履行职责的原则与要求】监护人应当按照最有利于被监护人的原则履行监护职责。监护人除为维护被监护人利益外，不得处分被监护人的财产。

未成年人的监护人履行监护职责，在作出与被监护人利益有关的决定时，应当根据被监护人的年龄和智力状况，尊重被监护人的真实意愿。

成年人的监护人履行监护职责，应当最大程度地尊重被监护人的真实意愿，保障并协助被监护人实施与其智力、精神健康状况相适应的民事法律行为。对被监护人有能力独立处理的事务，监护人不得干涉。

《民法典》第十八条【完全民事行为能力人】成年人

为完全民事行为能力人，可以独立实施民事法律行为。

十六周岁以上的未成年人，以自己的劳动收入为主要生活来源的，视为完全民事行为能力人。

《民法典》第十九条【限制民事行为能力的未成年人】八周岁以上的未成年人为限制民事行为能力人，实施民事法律行为由其法定代理人代理或者经其法定代理人同意、追认；但是，可以独立实施纯获利益的民事法律行为或者与其年龄、智力相适应的民事法律行为。

《民法典》第二十条【无民事行为能力的未成年人】不满八周岁的未成年人为无民事行为能力人，由其法定代理人代理实施民事法律行为。

9. 买二手房，对方拒迁户口怎么办？

众所周知，买房是人生大事，甚至关系到整个家庭今后几十年的生活问题。然而你知道吗，买房除了要关注房子本身，还要注意户口的问题。

李某夫妻俩在县城经营水果生意，考虑到孩子即将上小学，两人商议在县城买一套位置较好的学区房。经过不停地找房看房，李某夫妻终于在一个中介的介绍下同时看上了王某的一处房产。在中介的撮合下，李某夫妻和王某签订了二手房买卖合同，随后李某夫妻二人就向王某支付了全款。交付房屋后，李某妻子在给孩子迁户口时，却发现原房主父亲的户口还未迁出，导致自己孩子的户口无法迁入。李某多次催促王某，王某均以各种理由推脱，拒不迁走自己父亲的户口，导致李某的孩子无法在片区内就近入学，只能暂时就读于高价的私立学校。李某又找到中介，中介说不要担心，二手房合同中对户口迁移进行了特别约定。

李某遂以对方未履行合同义务为由起诉到了法院，请求法院判令对方承担合同约定的违约责任。法院经审理后认为，既然买卖双方在房屋买卖合同中已经对户口迁移事项进行明确约定，约定期限内王某没有迁走户口，理应承担相应的违约责任，最终法院判决王某根据合同约定承担相应的违约责任。

法律解析

司法实践中，单纯的户籍迁徙之诉很难得到法院的支持，因此在二手房屋买卖过程中，买家一定要卖家提供户籍登记的证明，千万不可轻信卖家及中介机构的口头承诺。同时一定要在二手房买卖合同中明确约定房屋买卖的事宜以及相关户口的迁出条款，必要时可将户口实际迁出设定成给付部分购房款的条件，以此来促使出卖人及时主动地将户口迁出。目前除了户口，房子的学位也要用书面条款进行专门的约定。

第九篇

当你发生人身损害的时候

1. 七旬老人在游泳馆摔伤，游泳馆担责吗？

方阿姨 70 多岁了，但是身体还算硬朗，平时喜爱游泳，于是在离家比较近的游泳馆办了张年卡，每到周末就会来这里健身、游泳。这天，方阿姨刚换好泳衣准备去游泳，结果在楼梯间不慎摔倒了。方阿姨毕竟年纪大了，这一摔就摔骨折了。同行的几位朋友急忙拨打了 120，还通知了方阿姨的儿女。儿女们到达现场，发现楼梯间都是积水，游泳馆没有及时清理，平时铺的防滑垫因换洗被撤走了，楼梯间也没有放置注意防滑的标志。儿女们见状，对现场进行了拍照取证。经过及时治疗，方阿姨的腿部骨折没有什么大碍，就回家休养了。

儿女们找到了游泳馆索要赔偿，但是游泳馆认为，是方阿姨自己不小心摔倒的，游泳馆的工作人员也没有推搡她，并没有构成侵权，所以游泳馆拒绝赔付。儿女们于是代理方阿姨将游泳馆告上了法庭。

《民法典》第一千一百九十八条【安全保障义务人责任】宾馆、商场、银行、车站、机场、体育场馆、娱乐场所等经营场所、公共场所的经营者、管理者或者群众性活动的组织者，未尽到安全保障义务，造成他人损害的，应当承担侵权责任。

因第三人的行为造成他人损害的，由第三人承担侵权责任；经营者、管理者或者组织者未尽到安全保障义务的，承担相应的补充责任。经营者、管理者或者组织者承担补充责任后，可以向第三人追偿。

⚖ 法律解析

虽然方阿姨摔伤不是游泳馆的工作人员故意为之，但是像游泳馆这样的公共场所，它的经营者、管理者应对进入场所消费的群众尽到安全保障义务。这里的安全保障义务，包括将一切可能的风险降低，来保障到场所消费、娱乐、休闲、健身的普通大众的人身安全。游泳馆地面容易有积水，如果清理不及时，就会导致人员摔倒、摔伤，这是普通人都可以预见的风险。那么游泳馆就应当采取必要的措施来保障人员的安全，比如及时清理积水、铺设防滑垫、放置注意防滑的警示标志、安排工作人员对年龄大的人提供必要的搀扶服务等。很明显，这些事项游泳馆都没有做到位，所以法院最后认定，游泳馆未尽到安全保障义务，承担方阿姨因摔倒而造成的人身损害赔偿金额的 70%，方阿姨自身也确实未尽到注意义务，所以方阿姨自行承担 30% 的责任。

2. 孩子在学校受到伤害，谁来担责？

小赵和小张是小学同学。两人在课间嬉戏玩耍时，小赵不小心摔倒在地，扭伤了脚踝。随后小赵被送往医院治疗，在医院住院十来天后回家休养。小赵的父母找到学校，要求学校和小张的父母一起为这次事故担责，赔偿小赵的医疗费、住院伙食补助费、营养费、补课费、护理费、交通费等各项损失。由于赔偿数额过高，三方协商未果，小赵的父母代理小赵将小张、小张的父母和学校告上了法庭。

法院认定，小赵和小张均属于限制民事行为能力人，但以其年龄及智力发育程度能够预见到嬉戏玩耍时可能发生损伤。小赵和小张嬉戏玩耍才导致小赵受伤。虽然小张不是故意的，但是两人在嬉戏时，小张未尽到安全注意义务，对小赵的受伤具有一定的责任。在此情况下，小赵受伤，小张并无主观故意，小赵应对自己受伤的结果承担主要责任。而学校负有规范引导及管理学生行为的职责，也应承担相应的赔偿责任。最终法院判决小赵自行承担 55% 的责任，小张承担 25% 的责任，学校承担 20% 的责任。

因小张是未成年人，相应赔偿责任由其法定代理人承担。

法律规定

《民法典》第一千一百九十九条【教育机构的过错推定责任】 无民事行为能力人在幼儿园、学校或者其他教育机构学习、生活期间受到人身损害的，幼儿园、学校或者其他教育机构应当承担侵权责任；但是，能够证明尽到教育、管理职责的，不承担侵权责任。

《民法典》第一千二百条【教育机构的过错责任】 限制民事行为能力人在学校或者其他教育机构学习、生活期间受到人身损害,学校或者其他教育机构未尽到教育、管理职责的,应当承担侵权责任。

《民法典》第一千二百零一条【在教育机构内第三人侵权时的责任分担】 无民事行为能力人或者限制民事行为能力人在幼儿园、学校或者其他教育机构学习、生活期间,受到幼儿园、学校或者其他教育机构以外的第三人人身损害的,由第三人承担侵权责任;幼儿园、学校或者其他教育机构未尽到管理职责的,承担相应的补充责任。幼儿园、学校或者其他教育机构承担补充责任后,可以向第三人追偿。

3. 初中生打架斗殴受伤，谁来赔偿？

小王、小刘、小李是初中生。有一次放学路上，小刘、小李与小王相遇，小刘挑衅般地称呼小王的外号，随后三人发生了口角并相互辱骂。第二天回到学校，小刘、小李与小王约架。于是放学后，三人来到学校一角的男厕所内拳打脚踢，直到老师过来制止，他们才停止互殴。小王伤得比较严重，经过伤情鉴定为轻伤二级，由于小刘、小李年龄较小，尚未达到刑事责任年龄，所以不予追究刑事责任，但是民事赔偿责任不能免除。小王的父母将小刘及小刘父母、小李及小李父母和学校一并告上了法庭，要求赔偿小王的人身损害。

《民法典》第一千一百七十九条【人身损害赔偿范围】侵害他人造成人身损害的,应当赔偿医疗费、护理费、交通费、营养费、住院伙食补助费等为治疗和康复支出的合理费用,以及因误工减少的收入。造成残疾的,还应当赔偿辅助器具费和残疾赔偿金;造成死亡的,还应当赔偿丧葬费和死亡赔偿金。

《民法典》第一千一百八十八条【监护人责任】 无民事行为能力人、限制民事行为能力人造成他人损害的,由监护人承担侵权责任。监护人尽到监护职责的,可以减轻其侵权责任。

> 有财产的无民事行为能力人、限制民事行为能力人造成他人损害的,从本人财产中支付赔偿费用;不足部分,由监护人赔偿。

⚖ 法律解析

侵权行为人若因侵权行为导致其他人遭受人身伤害的,应对导致的损害结果承担赔偿责任。

本案中,小王、小刘、小李均是在校初中生,年龄分别为12岁、13岁、14岁,三人都属于限制民事行为能力人,但对其行为可能产生的后果具有相应的判断和认知能力。小刘与小王在校外相遇后,小刘无端用语言侮辱小王,挑起事端,引起双方相互辱骂,而后小刘又主动与小王约架,并在互殴中造成小王的人身损害,故小刘应对小王的损害后果承担主要过错责任;小李虽未完全参与小刘和小王的互殴,但是两人在互殴的时候,小李也对小王实施了殴打,故小李应承担相应的过错责任;而小王在小刘主动约架后,错误地选择应约打架,并且与小刘进行了互殴,其自身也存在一定过错,故小王应承担相应的过错责任。而学校作为教育机构,虽然有校园规章制度和纪律,也对学生的安全及校园侵权进行了宣传教育工作,但是在放学期间,应当让学生及时出校园,出现本校学生滞留学校并发生打架伤人事件,没能及时发现、制止,说明学校管理不到位,在监督和管理上存在一定的过失,未完全尽到教育、管理、保护职责，故学校应对小王的伤害结果承担一定的赔偿责任。

最终法院判决，小刘的监护人承担40%的赔偿责任，小李的监护人承担20%的赔偿责任，学校承担10%的赔偿责任，而小王的监护人自行承担30%的赔偿责任。

4. 患者被告知癌症晚期而自杀，医院担责吗？

赵阿姨在女儿的陪同下去医院检查治疗，结果查出其罹患肺癌。主治医生直接将肺癌晚期的病情告知了赵阿姨，导致赵阿姨情绪失控，拒绝治疗。最终赵阿姨割伤手腕自杀而亡。医疗机构是否要担责呢？

> 《民法典》第一千二百一十九条【医务人员说明义务和患者知情同意权】 医务人员在诊疗活动中应当向患者说明病情和医疗措施。需要实施手术、特殊检查、特殊治疗的，医务人员应当及时向患者具体说明医疗风险、替代医疗方案等情况，并取得其明确同意；不能或者不宜向患者说明的，应当向患者的近亲属说明，并取得其明确同意。
>
> 医务人员未尽到前款义务，造成患者损害的，医疗机构应当承担赔偿责任。

法律解析

这个条款明确了医疗机构的告知义务，如果患者病情严重，有可能直接导致患者情绪崩溃而发生不可预知后果的，不能或者不宜向患者说明的，应当向患者的近亲属说明。

本案中，主治医生的最佳做法是将病情及医疗风险等情况告知赵阿姨的女儿，来疏导赵阿姨的情绪，让赵阿姨配合治疗。主治医生违反了诊疗告知规范，导致赵阿姨割腕自杀，医疗机构对此扩大损失应负相应的赔偿责任。

5. 剖宫产生子，产妇体内竟遗留纱布，医院如何赔偿？

一名产妇在医院接受剖宫产手术，顺利产下一名健康女婴。但是生产后，女子腹部一直疼痛，影响到日常生活。直到三年后，该女子才去医院检查。医生将检查结果告知女子，说是盆腔中有囊肿，需要进行手术切除。谁知手术时才发现，女子体内所谓的"囊肿"竟是一块医用纱布，由于在体内时间过久，已经与内脏粘连在一起。原来当初女子剖宫产时，由于医生的疏忽，将医用纱布遗留在女子体内，导致女子饱受三年的痛苦折磨。女子为此辞掉了原本的工作，只能在家休养，甚至重活累活都不能干。

女子将原先做剖宫产手术的医院告上法庭，要求赔偿医疗费、住院伙食补助费、营养费、误工费、护理费、残疾赔偿金、精神损失费等各项赔偿。法院考虑到医院在为女子实施剖宫产手术时严重失职，致使医用纱布遗留在女子体内，给女人造成了严重的身体伤害和精神上的折磨，故法院判决，医院赔偿女子人身损害赔偿、经济损失和精神损失共计 46 万余元。双方均未上诉。

《民法典》第一千二百一十八条【医疗损害责任归责原则和责任承担主体】 患者在诊疗活动中受到损害，医疗机构或者其医务人员有过错的，由医疗机构承担赔偿责任。

《民法典》第一千二百二十一条【诊疗活动中医务人员过错的界定】 医务人员在诊疗活动中未尽到与当时的医疗水平相应的诊疗义务，造成患者损害的，医疗机构应当承担赔偿责任。

《民法典》第一千二百二十二条【推定医疗机构有过错的情形】患者在诊疗活动中受到损害，有下列情形之一的，推定医疗机构有过错：

（一）违反法律、行政法规、规章以及其他有关诊疗规范的规定；

（二）隐匿或者拒绝提供与纠纷有关的病历资料；

（三）遗失、伪造、篡改或者违法销毁病历资料。

6. 宠物将邻居咬伤，如何赔偿？

小鑫爱养宠物，家里养了很多小猫、小狗。这天，小鑫带着家里的大型犬在小区遛弯儿，正巧碰到小区的邻居小江在空地处练双节棍。狗狗看到双节棍受到惊吓，以为小江要用双节棍伤害它，于是冲着小江吠了几声。小江没有理会，依旧拿着手中的双节棍挥舞，结果狗狗冲上去将小江的胳膊咬伤了。小江去医院治疗产生了医药费、狂犬疫苗费、交通费等费用约2000元，小鑫认可养的狗狗事发时没有拴狗绳，也没有在管理机关办理养犬登记，当时没有管好自己的狗狗，才导致小江被咬伤，于是自愿垫付了2000元的费用。

《民法典》第一千二百四十五条【饲养动物致害责任的一般规定】 饲养的动物造成他人损害的,动物饲养人或者管理人应当承担侵权责任;但是,能够证明损害是因被侵权人故意或者重大过失造成的,可以不承担或者减轻责任。

《民法典》第一千二百四十六条【违反规定未对动物采取安全措施致害责任】 违反管理规定,未对动物采取安全措施造成他人损害的,动物饲养人或者管理人应当承担侵权责任;但是,能够证明损害是因被侵权人故意造成的,可以减轻责任。

《民法典》第一千二百四十七条【禁止饲养的危险动物致害责任】禁止饲养的烈性犬等危险动物造成他人损害的,动物饲养人或者管理人应当承担侵权责任。

⚖ 法律解析

现在很多家庭都饲养宠物,不管是大型犬还是小型犬,出门遛狗时一定要拴好狗绳。再温驯的狗狗也有咬伤人的时候。而饲养狗狗的管理人能做的就是按照法律规定去合法合规地饲养宠物,将一切可能的风险扼杀在摇篮里。如果饲养人在携带宠物外出时,没有对宠物采取必要的安全措施,导致他人人身伤害,动物的饲养人或管理人就得承担侵权的赔偿责任。

本案中,小江是在正常练习双节棍,而且同小鑫的狗狗保持了一定距离,不存在故意挑逗狗狗或者其他重大过失的行为。所以小鑫赔偿小江部分费用也合情合理。

7. 高空抛物、坠物致人受伤,谁来担责?

老李住在一个高层住宅小区里。有一次老李在快进单元门口的时候,想不到飞来横祸,只听到"咚"的一声,被从高层扔下的一袋垃圾砸伤,头部出血。邻居见状赶紧拨打了120急救电话,同时联系物业公司,查看这袋垃圾是从哪一户业主家扔下来的。物业公司听说是高空抛物致人受伤了,赶紧拨打了110报警。老李被紧急送往医院治疗,老李的家属随同物业公司和警方去查看监控录像。

《民法典》出台以后,为了防止高空抛物类似事件的发生,物业公司在各个高层楼栋处安装了摄像头,可以清楚地看到物体是从哪家哪户抛下来的。本案经查,高空抛物的业主是居住在22层的一户年轻夫妇和一个8岁的孩子。当天,夫妻俩一边因为孩子的教育问题在家里大吵大闹,一边训斥孩子,让孩子下楼去扔垃圾。孩子听到父母的争吵和训斥,内心非常不爽,于是直接将垃圾袋从卧室的窗户扔了出去,不料却砸中了老李。

《民法典》第一千二百五十四条【不明抛掷物、坠落物致害责任】禁止从建筑物中抛掷物品。从建筑物中抛掷物品或者从建筑物上坠落的物品造成他人损害的，由侵权人依

法承担侵权责任；经调查难以确定具体侵权人的，除能够证明自己不是侵权人的外，由可能加害的建筑物使用人给予补偿。可能加害的建筑物使用人补偿后，有权向侵权人追偿。

物业服务企业等建筑物管理人应当采取必要的安全保障措施防止前款规定情形的发生；未采取必要的安全保障措施的，应当依法承担未履行安全保障义务的侵权责任。

发生本条第一款规定的情形的，公安等机关应当依法及时调查，查清责任人。

本案中通过调查直接锁定了具体侵权人。8岁的孩子是未成年人，所以他的行为给老李造成的侵权损害，由他的监护人来承担责任。在物业和警方的调解下，夫妻俩一次性赔偿了老李各项人身损害赔偿，并对8岁的孩子进行了批评教育和普法宣传，告知他高空抛物的危险性，这样危险的举动以后再也不能出现了。

法律解析

实务中，还有很多高空抛物案例，是经过调查也难以确定具体侵权人的，除能够证明自己不是侵权人的以外，由可能加害的建筑物使用人给予补偿。可能加害的建筑物使用人补偿后，有权向侵权人追偿。物业服务企业等建筑物管理人未采取必要的安全保障措施的，也应当依法承担未履行安全保障义务的侵权责任。

比如，有个案例经过公安机关的排查后，还是无法确定高空抛物的具体加害人。于是受害人将未尽到安全保障义务的物业公司和一个单元共计25户住户（排除侵权可能的除外）告上了法庭。最终法院判定，物业公司承担30%的责任，其余70%的责任由25户业主按户承担补偿责任。

8. 拳击比赛导致手部骨折，对手要赔偿吗？

小明和森森是拳击爱好者，都是武馆的拳击学员。有一次拳击比赛中，小明和森森正好是对手。比赛中，森森将小明的右手打骨折了。那么小明能要求森森赔偿吗？

《民法典》第一千一百七十六条【自甘风险】 自愿参加具有一定风险的文体活动，因其他参加者的行为受到损害的，受害人不得请求其他参加者承担侵权责任；但是，其他参加者对损害的发生有故意或者重大过失的除外。

活动组织者的责任适用本法第一千一百九十八条至第一千二百零一条的规定。

法律解析

拳击运动是一项有风险的运动，小明和森森都是自愿参加这样有风险的文体活动的，那么就应当具有自知、自担风险的心理准备。只有在对方恶意冲撞或者明知可能造成伤害等情形下，对损害的发生有故意或者重大过失的，才能要求赔偿相应的损失。

而本案中，森森对小明的手部骨折不存在故意或者是重大过失，属于竞技比赛中随时可能发生的风险。所以小明对自己的手部骨折自行承担责任，无法要求森森赔偿。

第十篇

你应该警惕的其他骗术

1. 手工活兼职是诈骗？

"手工活组装兼职，宝妈、待业人员在家可做，无须押金，包教包会，高价回收，在家就能实现财富自由。"看到这样的广告，你会心动吗？目前，在短视频平台、网络论坛、QQ群、微信群，甚至在公交车站、电线杆上都可能会有这样的广告，你相信吗？先来看一个案例吧。

刘先生在短视频平台看到一个主播发布的天线组装的广告，心动不已，于是给那个主播发私信，留下了联系方式。没过一会儿，就有人申请添加刘先生的微信好友。长期在家待业、没有工作的刘先生十分想做广告中所说的天线组装的工作，因为组装一个这样的天线就有1元钱的手工费，对方说接单必须在本公司指定的应用程序上才行，于是刘先生按照对方的要求下载了一款名为"SGH手工活"的应用程序，并注册了账号。根据应用程序的指引，领取"天线组装手工活"任务，需要排队，要是想快点获取"手工活"任务，可以先做短视频点赞的任务。抱着试试看的态度，刘先生参与了几次点赞任务，每次都能从中获得几元钱的收入，并且这些收入都直接汇入了刘先生的支付宝账号。刘先生非常开心，仿佛发现了财富密码，就这样他陷入了以"手工活"兼职为幌子的刷单骗局，逐渐放松了警惕，开始主动在应用程序里抢刷单点赞任务。刘先生还抢到了一个收益为500元的"大单"，但是这个大单要求他先支付1万元，他想都没想就付了，做完任务后500元的收入和1万元本金都没有回来。刘先生很着急，应用程序客服却说，刘先生下单方式错误不能返利，如果想退回1万元，需要继续做任务才能成功返利。为了拿回自己的1万元，刘先生又给对方提供的账户转了2万元。转账结束后，客服说刘先生账号异常，需要换个银行卡打3万元保证金，之后就能把6万元全部退回，而且还能获得3000元劳务费，这时刘先生才意识到自己被贪心冲昏了头脑，不但自己的本金没有拿回来，反而越投越多，损失从1万元变成了3万元，于是刘先生赶忙到派出所报警。

　　有人或许会说，上面这种诈骗太低级了，换成是我，让我垫钱，我马上就知道是刷单诈骗了，肯定不会上当。那么如果你遇到了一个真的让你做手工活、不让你刷单的活，你敢信吗？我们再来看一个案子。

　　小赵是一名大学生，在学校学的是旅游专业，毕业后没有找到合适的工作，所以一直在家"啃老"。有一天，小赵上网时在他们同城的贴吧上发现一个广告称"外发手工活，总部供料，简单易学，日赚300~500元"。于是小赵在网上留下了自己的联系方式，没多久就有一个自称何经理的人打电话给他，让他来公司面试。小赵第二天就去了何经理说的公司。小赵进去一看还挺正规的，于是放下了戒心。何经理指着桌上包装好的配件说："这些材料能做250个汽车天线，做好之后经过验收每个给你5元钱手工费，你先做做试试，材料费一共5000元。小赵你看，这个桌子上放的天线是昨天一个宝妈交过来的，她三天做了600个，今天刚领走3000元手工钱。"小赵心动了，于是就向父母借了5000元钱，向何经理购买了做天线的原材料。小赵回家之后不吃不喝，用了两天时间终于组装好了全部天线，就来找何经理。何经理看到货后对小赵说："你去质检办公室验收一下吧。"可到了质检办公室，工作人员却说小赵的天线有瑕疵、不合格，拒收产品，还说他把材料弄坏了，让他赶紧赔材料费5000元。小赵一下子就蒙了，不知如何是好，只能找自己的父母来解决。小赵的父母文化水平也不高，经过谈判，小赵父母向何经理又支付了3000元，这件事才算解决。从此以后，小赵再也不相信网上广告所称手工活能赚钱这件事了，也老老实实去酒店找了个服务员的工作。过了几个月，突然有一天公安局一位民警电话联系小赵说："你是不是在某公司一个自称何经理的人那儿做过手工活？你来公安局一趟吧。"小赵去了才发现，现场有好多跟自己经历一样的人，有的投资了5000元，有的甚至投了几万元，最后不仅没赚到钱，反而又被坑了好多钱。办案民警对小赵说："有些公司打着'高薪水、低劳动'的幌子欺骗客户，目的就是骗取这些客户口袋里的材料费和押金，目前我们公安分局正在对何某以'发布手工活'为名实施诈骗的案件进行侦查办理，何某已经被抓进看守所了。他的家属为了让他能被宽大处理，愿意赔偿所有受害人。一会儿你排队登记一下，然后做个笔录吧。"这时候小赵才意识到自己遇到了"手工活"诈骗。

⚖ 法律解析

随着警方反诈宣传的逐渐深入，传统面对面诈骗的比例不断降低，新型诈骗越来越多，"手工活"诈骗就是其中一种。骗子们以手工活广告引流，号称"足不出户，日入百元"，利用微信群、朋友圈等途径吸引宝妈、孕妇、学生等群体，有些手工活其实就是"刷单诈骗"，有些手工活项目是为了骗取材料费和押金。大家一定要记住：诈骗手段千万种，捂好钱包就一种，凡是让你垫钱的都是诈骗。遇到手工活项目，一定要多动动脑子、多打听、多了解，就像上面那个案例中的天线，如果你拍照上传电商平台就会发现，一个全新的天线才卖10元钱，骗子让你购买的材料费加上给你的人工费已经超过了网上售价的几倍了。

2. 开服装店进货会被骗？

一位来自小县城的朋友说，在小县城创业，除了搞种植、搞养殖、跑运输、开饭店，开个服装店也是个不错的选择。但你知道吗，开服装店进货也可能被骗，我们先来讲一个案例。

2022 年 6 月，小丽大学毕业后回到位于老家的小县城，她不想上班，而是选择了自己创业。小丽思前想后决定开个服装店。既然开服装店就得有货源，于是她就在网上搜货源，一个"无须加盟费，低成本拿货"的广告突然出现在面前，小丽马上留下了联系方式，不一会儿就有人打电话邀请她到 B 市看服装样板。小丽到 B 市的品牌方展厅听取了介绍，听完她非常满意。品牌方公司口头承诺，如果小丽交 36800 元的订货款，进货就会优惠至 2.8 折，免费让小丽使用商标且不收取加盟费，当天交订金还会多送 1 万元的货。小丽心动了，当天就在该公司的催促下与其签订了一份合同，并先交付了 16800 元的订金，剩下的 20000 元公司表示可以货到后再付款。小丽心满意足地返程了。

2022 年 7 月 20 日，回到老家的小丽接到电话，公司已将

46800元（包括赠送的10000元货物）的货全都装好发到老家，但要先将剩下的20000元交齐，才允许看货、提货。刚刚装修完店铺的小丽没多想就把剩下的20000元货款打给了公司。小丽到了物流站才发现，包裹里的货全都是次品，送货单上标明所有服装都是原价，而非折后价。小丽立即打电话给公司，公司却说他们是按合同发货，让她自己看看合同。小丽这时打开合同发现，合同上写着这么一条："乙方（加盟商）按旗舰店的标准，向甲方一次性支付首批货品费用共计人民币36800元，甲方给乙方首批货品市值人民币36800元产品。"公司给小丽承诺的2.8折的折扣没有基础参考价，且合同里多了"市值"两字。市值这是由厂家说了算的，这个时候小丽才发现上当受骗了。

法律解析

如果做小生意想进货,在网上遇到先打款或者部分打款才能发货的几乎都是骗子。例如坚果、水果、服装、零食、文具批发之类的商品,骗子一般会先以绝对低的价格吸引你,然后让你先出一部分订金,这时候一定要注意了,十有八九你遇到诈骗了。第一次做生意进货,和没有打过交道的生意伙伴交易,一定要记住必须现货交易,一手交款一手交货,千万小心,别上当受骗。

3. 这样存款会被骗

在我们的潜意识里，去银行存款是非常安全的，但是如果贪心想要高利息则很有可能被骗，我们来看一个案例。

老李家刚刚拆迁，除了获得两套房，还有 300 万的拆迁款。虽说老李一下子变成了有钱人，但还是喜欢占小便宜，一分钱领鸡蛋、扫个码送食用油之类的活动，老李都喜欢参与。

有一次，银行搞大额存款活动，老李也去参加了。在此期间，老李认识了银行业务经理小梁。小梁为人仗义，经常对老李嘘寒问暖，双方互加了微信。有一天小梁在微信上说，自己银行有一个内部业务，大额存款月息 3%，老李因为相信小梁就试探性地在银行存了 50 万元，银行也给老李出具了存单。3 个月后，小梁让老李去银行取钱，50 万元一分没少，小梁也用私人账户把高利息转给了老李。其后老李又存了几次，每次都能保本还能获得高利息，就这样小梁慢慢获取了老李的信任。转眼到了春节，小梁跟老李说年底行里有个大业务，存 300 万元一年利息 80 万，并且先给利息。老李想都没想就同意了。小梁说："为了方便，老李你办个网银吧。"于是老李就办了个网银,并且把网银交给了小梁。业务很快就办完了,老李也把80万元利息拿到了手里。老李十分高兴,带着老伴环游中国去了。转眼一年到了,老李联系小梁,可是小梁再也没接电话,老李去银行一问才知道,小梁早就辞职了。这时老李去银行柜台一查才发现,自己300万元的存款一分钱都没留下,全没了。原来,小梁当时给老李办存款的时候将老李的真存单换成伪造的存单,然后用网银把老李的300万元资金从银行开户账号转移到自己的名下,先给老李转了80万元,剩下的钱全部据为己有了。

⚖ 法律解析

去银行存款一定要注意以下五点：

（1）避免存款变保险。一些人去银行存款，但在柜员"有一款产品更划算"的话术忽悠下，稀里糊涂地就买成了保险。保险跟存款不同，是不能提前支取的，如果退保只能退现金价值。去银行一定要看清条款，确认是定期存款而不是保险，以免上当受骗。

（2）避免存款变成理财。大家一定要注意，理财不保本保息，买理财要自负盈亏。朋友们切记，只有存款才保本保息。

（3）鸡蛋不放在一个篮子里，银行定期存款要分散。现在去银行存款，依法享受存款保险的保障，存款保险实行限额偿付，最高偿付限额为人民币 50 万元。

（4）和银行工作人员保持必要的距离，不能轻易相信银行工作人员的话，不要将存单、银行卡、身份证交给银行工作人员保管。

（5）高息存款不可信，过分高于国家存款利率上限的存款必有问题，一定要睁大眼睛，别上当。

4. 网上投资平台靠谱吗？

有一位多年从事网络反诈工作的朋友曾说过，目前网络上99.9%的投资平台都是危险的，一不留心就会赔得倾家荡产。我们都知道，网络诈骗是指以非法占有为目的，利用互联网采用虚构事实或者隐瞒真相的方法，骗取数额较大的公私财物的行为。网络诈骗花样繁多，行骗手法变化多端，其中网上投资诈骗就是非常常见的一种，骗子们通过开投资网站，开发投资应用程序来进行诈骗。常见的投资类型有电影投资、玉石投资、区块链投资、虚拟货币投资、纸黄金投资、期货投资、艺术品投资等。只有你想不到的，没有骗子骗不到的。我们来看一个案例。

温女士是一位宝妈，大学毕业后就跟先生结婚了，婚后全职在家带娃。有一天她在朋友圈看到一条关于"免费玩，签到还赚钱"的小广告。出于好奇心，她扫描了二维码，下载并注册了名为"未来能量"的应用程序。注册成功后，温女士被拉到了一个微信群，群里有一个"投资导师"正在讲课，讲解的主要内容为"未来能量"应用程序的操作方法和收益规律。"投资导师"说，只要在

"未来能量"应用程序上购买虚拟矿机,这个矿机就会挖矿,挖矿就会获得"FUT"币,这个"FUT"币在"未来能量"应用程序能自动转化成人民币提现。温女士上大学的时候就听过比特币,加上讲课的"投资导师"长得非常帅,讲完课还用私人微信添加了温女士为好友,每天嘘寒问暖。久而久之,温女士相信了这个"投资导师",完全放下了戒备心,满脑子都是多买矿机、多挖矿、多赚钱。开始的时候,温女士还能小赚几笔,可是随着投资款的加大,温女士突然发现"未来能量"应用程序无法登录,"投资导师"也把自己的微信拉黑,怎么也联系不上了,这时温女士才发现自己被骗了,此时她已经投资了20多万元。

⚖ 法律解析

　　万骗不离其宗，骗子最擅长放长线钓大鱼。诈骗前，骗子总会让你尝点甜头，诱使你加大投资，从而骗取更多钱财，你看上的是那一丁点儿的收益，而骗子要拿的则是你全部的本金。意志力不强又没有一眼看透诈骗套路的朋友们切记，不会理财就别理，实在想学理财，可以拿少部分钱尝试。当然，也可以把钱存定期，有钱不想存的，也可以孝敬父母。哪怕给父母买点营养品，给孩子买身新衣服，给老婆买个新包，给老公买根新皮带，也别把自己的血汗钱给骗子。

5. 为什么不能给别人当名义法定代表人？

你遇到过这样的情况吗？你公司的老板跟你说："我想再成立一家公司，但又不想让老婆知道，所以我不能当公司的法人。你是我最信任的员工，你能不能帮我做公司的法定代表人？我会额外给你每月涨 5000 元工资，你看行吗？"

其实，在现实生活中，我们经常看到很多公司法定代表人不是老板，实际投资人或者股东也不是法定代表人。有些不懂其中门道的员工以为这是老板抬举自己，甚至觉得公司好像是自己的，心里别提多美了，不知道给别人挂名当法定代表人会给自己造成多么重大的影响。我们来看一个案例。

2020 年，某地一法院同时受理了十几起执行案件，这些案件有个共同的特点，那就是被执行人都是某科技公司。为了帮助申请执行人拿到属于自己的执行款，法院通知这家公司的老板到庭谈话。结果老板没来，来的却是一个"90 后"的女孩。这个女孩说自己就是这个公司的法定代表人，是代表公司来处理案件的。执行法官感觉有点奇怪，上一次到庭的那个老板哪儿去了？怎么换人了？女孩说，公司根据投资方的要求变更了法定代表人，她就是新的法定代表人。执行法官对女孩说今天到庭的申请人因家人生病住院急需用钱，让她看看怎么支付。女孩说，这个钱没有多少，她给老板打个电话。女孩于是拨通了老板的电话，老板让她跟财务联系，却被告知公司没钱，要是有钱也不会闹到法院去。女孩又联系老板，老板又让她跟投资人联系，然而没有一个人愿意出钱。女孩又联系了老板，老板一会儿说在高铁上，一会儿说自己马上到，结果等了两个小时，法院都下班了，老板还是没来。因为筹不到钱，当执行法官说要拘留女孩的时候，女孩崩溃地大哭起来，哀求法官别拘留她。

据女孩讲，老板和她是男女朋友关系。一个多月前，老板男友跟她说，由于公司业务需要，想将法定代表人换成她，并说一个月内可以进行变更。出于对男友的信任，女孩没多想就答应了，怎料到被男友骗了。可是法官也爱莫能助，因为按照法律规定，拒不执行法院生效判决的，法院可以对符合拘留条件的公司的法定代表人采取司法拘留的强制措施。后来，女孩被送进拘留所，男朋友李某一直都没有出现。

⚖️ 法律法规

《民法典》第六十一条【法定代表人的定义及行为的法律后果】依照法律或者法人章程的规定，代表法人从事民事活动的负责人，为法人的法定代表人。

法定代表人以法人名义从事的民事活动，其法律后果由法人承受。

法人章程或者法人权力机构对法定代表人代表权的限制，不得对抗善意相对人。

《公司法》第十三条 公司法定代表人依照公司章程的规定，由董事长、执行董事或者经理担任，并依法登记。公司法定代表人变更，应当办理变更登记。

⚖️ 法律解析

老板为什么要聪明,自己不当法定代表人呢?自己不做法定代表人有什么好处?

首先,不当法定代表人可减少自己的麻烦。当法定代表人不可避免地要签署很多文件,当老板的日理万机,很多情况下不能亲力亲为,让别人做法定代表人,自己在背后指挥也是可以的,老板控制好公司公章、财务章就行。其次,老板不当法定代表人是为了规避法律风险。一旦公司涉及债务、违约,甚至诉讼等纠纷,老板可能会以自己没有在工商登记上显示自己的信息为由逃避责任,让挂名的人背黑锅。

给别人当名义法定代表人,会对自己带来哪些不良影响呢?

第一,如果公司出现财务问题,你虽然不是股东,也不是实际控制人,但作为法定代表人,是公司的第一责任人,很有可能要承担相应的民事、刑事及行政责任,风险非常大。第二,如果公司成为法院的被执行人,作为法定代表人,你很有可能被限制高消费,限制坐高铁、飞机,限制入住星级酒店,限制出国,严重影响个人信用。第三,一旦当了法定代表人,想把自己的名字去掉那可就难了。因此,给别人挂名当法定代表人是一件非常愚蠢的事情,别人吃香的喝辣的,最后背黑锅的却是你。

6. 帮人注册营业执照违法吗？

亲戚求你帮个忙，让你把自己的身份证借给他，配合他去注册一个公司，办理完营业执照后再开个对公账户，完事后亲戚给你转了几百元辛苦费，这事儿能干吗？当然不行，轻则要承担民事责任，严重的还可能涉及犯罪、判刑坐牢。

2020年下半年，正在上大学的小张接到高中同学小赵的电话，小赵向其介绍了一个轻松赚钱的"捷径"：用身份证注册空壳公司，然后将相关证件卖给其他人，没有成本就能轻轻松松赚取外快。听了朋友的介绍，正在勤工俭学的小张动了心，用自己的身份证先后注册了好几家公司，随后将这几家公司的营业执照、对公账户、网银U盾等材料出售给他人，获利几千元钱。小张刚用这笔钱给自己换了一部新手机，就接到了公安机关的电话，让他配合做笔录。原来小张注册的公司被诈骗分子用来诈骗，他做完笔录后也被公安机关采取了强制措施。

⚖ 法律解析

有人说："我特别相信我的朋友或者亲戚,他还给我签了一个免责协议,出事了他承担责任,我不承担责任。"别天真了,这个协议只是骗你的定心丸。你要知道,公司法定代表人是依照法律或公司章程规定代表法人行使职权的负责人,既然是负责人就要负责,因此法定代表人的行为就是企业、事业单位等本身的行为,免责协议是无法免除法定代表人的责任的。作为公司的股东也一样,一个免责协议无法免除你作为公司股东的义务。私自出售营业执照、经营许可证、网银 U 盾的行为已经触犯了法律,大家要引以为戒,切勿为了蝇头小利而触犯国家法律,否则悔之晚矣。

附 录

30 条法律小提示

社会在发展，新事物也在不断出现，不断变化，只有知法、懂法、守法才能避免被人坑骗，才能更好地保护自己的合法权益。本书总结了大量的案例，各位朋友多读读、多看看，希望能给大家带来一定的帮助。作为本书的结尾，笔者综合多年的法律经验，提炼出 30 条法律小提示，请各位多多参考。

（一）财产上的忠告

1. 不要轻易把钱借出去，只要借出去了就不能保证 100% 收回来，就算找非常好的律师，如果遇见了没有任何偿债能力的老赖，谁都没有办法。

2. 不要轻易给人做担保，做担保对你来说没有任何好处，出了问题你就是"背锅侠"，就算找再好的律师也不能保证给你脱保（不承担担保责任）。

3. 不要乱签字，成年人签字就是一种认可，签字了就要承担法律责任。

4. 做生意的朋友多准备一些欠条模板，如果遇见不能当时结账的欠款人，必须让欠款人留下欠条和详细的个人身份信息，身份证复印件必不可少。

5. 没有专业知识不要参与投资理财，就算有这方面的知识也很容易被"割韭菜"，甚至被诈骗。网上的投资理财十有八九是诈骗，如果一个项目有高回报，那必然存在超高的法律风险。

6. 贪小便宜会吃大亏，免费的东西往往付出的成本会更大，别贪图那一两个鸡蛋而去听"课"，稍不留神就会被洗脑。消费全返当心最后返个"寂寞"，你先看看你买的东西到底值不值这个价钱。

7. 不要相信躺着能赚钱，网上刷视频做兼职，让你垫款的都是骗子。网上手工活加工的，十有八九都是骗局，你做好了手工活，他们会以各种理由说你做的不合格，不给你回收。

8. 凡是打着"教你挣钱"旗号的人，其实就是想挣你钱的人，一两元的课听听学学无所谓，成千上万的高价课，学不到东西要退款，可就难上加难了。

9. 刷单返利是诈骗，跑分洗钱是犯罪。如果你干了，你的银行卡分分钟被冻结。这件事警察叔叔说过好多次了，一定要记牢。

10. 买房要看开发商是否有《商品房销售（预售）许可证》，买车贷款要看清贷款的本金和费用，你以为的低利息背后可能还有高额手续费。

（二）婚姻上的忠告

11. 男女恋爱期间，转账如520、1314、888、666等具有特殊含义的金额，如果双方分手很难追回。

12. 领证前要做三件事：一要去正规医疗机构体检；二要查询对方征信报告，了解对方的负债情况；三要登录执行信息公开网，查询对方是否是老赖。

13. 婚前共同出资买房，男女双方应当签署书面协议，做出针对该房产的详细约定。

14. 婚后共同出资买房，写两个人的名字可以避免一方私自卖房。

15. 结婚后对外出售婚前个人房产，所得款项再次购买新的房屋，且登记夫妻双方名字的，新购买的房产是夫妻共同财产。

16. 做生意的人、二婚的人及长期同居不领结婚证的人，建议签署婚前财产协议。

（三）人身上的忠告

17. 遇事不要急，碰见脾气暴躁的人更别急。你急他更急。一旦动手了，后果很严重，轻则拘留罚款，重则判刑坐牢。

18. 酒后勿开车，撞人勿逃逸。发生交通事故，首先要在现场找一个安全的地方报案，如果人员损伤比较严重，应该先打120。

19. 不要给亲戚或者朋友当名义法定代表人、挂名股东。公司如果出了问题，背锅的人就是你。

20. 别人欠你钱，不要打他，不要骂他，不要砸他的车，更不能硬闯他家，催讨欠款一定要用合法的手段。

21. 被人打了，经过鉴定构成轻伤以上后果的，可以谈谅解费，谅解费的多少由双方协商。

22. 被人网暴了一定要控制自己的情绪，千万不要伤害自己，第一时间选择报案，固定证据，才能让网暴你的人吃不了兜着走。

（四）工作上的忠告

23. 农民工在建设工地受伤害了，可以选择按照雇佣关系提供劳务受伤害的维权途径，也可以找上面有资质的建筑公司，让这个公司参照工伤来处理，具体怎么选择还要找法律专业人士综合谋划。

24. 双倍工资最多能拿 11 个月，索要双倍工资受劳动争议案件一年诉讼时效的限制。

25. 要注意老板让你签署的自愿离职文件。自愿离职，简称自离，签了就不能主张解除劳动关系经济补偿金了。

26. 老板让你当法定代表人、挂名股东或财务负责人，千万不要同意，一旦当了再后悔就晚了。

27. 老板欠工资就让老板写个工资欠条并拍下老板的身份证照片，这样可以跳过仲裁，直接起诉讨要拖欠工资。

28. 单位的合同到期，公司原因不续签的，劳动者可以索要解除劳动关系的经济补偿金。劳动者本人不续签的，拿不到解除劳动关系的经济补偿金。

29. 初步证明存在加班事实的举证责任在劳动者一方，劳动者拿不出证据证明存在加班的，仲裁不支持索要加班费。

30. 工伤伤残，这些赔偿一定要知道：第一，三金赔偿要知道，即一次性伤残补助金、一次性工伤医疗补助金、一次性伤残就业补助金，伤残等级高的可以按月领取伤残津贴；第二，停工留薪期工资；第三，护理费；第四，医疗费；第五，康复性治疗费；第六，辅助器具费；第七，住院伙食补助费；第八，外地治疗交通费；第九，外地治疗食宿费。

法律文书模板[1]

1. 无财产、无债务、无子女的离婚协议

离婚协议书

男方：_____，_____族，____年___月___日，身份证号：_____

女方：_____，_____族，____年___月___日，身份证号：_____

男女双方于_____年___月___日在_____登记结婚，婚后无子女。现因夫妻感情完全破裂，双方自愿离婚，并达成本离婚协议：

第一条 离婚

双方自愿离婚。

第二条 子女抚养

双方无子女，签署本协议时，女方未怀孕。

---

[1] 本书所列的法律文书模板仅供学习参考使用，切忌生搬硬套，有条件的朋友一定要找专业律师根据您的实际情况专门起草。

第三条 财产及债权债务的分割意见

3.1 双方确认在婚姻关系存续期间无共同财产。

3.2 双方确认在婚姻关系存续期间没有发生任何共同债务。任何一方对外负有债务的,由负债方自行承担。

第四条 协议生效

本协议在双方签字后并经婚姻登记机关对双方的婚姻完成离婚登记之后生效。

第五条 其他

本协议一式叁份,每份具有相同法律效力;双方各持壹份,另外壹份由民政局婚姻登记机关留存。

男方(签字):　　　　　　女方(签字):

　　年　月　日　　　　　　年　月　日

知识点学习

离婚协议书,是夫妻双方因感情破裂、基于双方自愿的情况下签订的关于解除婚姻关系的协议,有以下特性:

1. 夫妻双方的意思必须是真实的;

2. 该协议必须经过离婚登记才能办理离婚;

3. 该协议必须包括双方自愿离婚的意思表示和对子女抚养、财产以及债务处理等事项协商一致的意见;

4. 该协议具有人身属性,不得由他人代理签订,否则无效。

2. 有财产、有债务、有子女、有离婚经济补偿、有离婚经济帮助、有离婚损害赔偿等较复杂的离婚协议

离婚协议书

男方：_____，_____族，____年___月___日，身份证号：_____

女方：_____，_____族，____年___月___日，身份证号：_____

男女双方于____年__月__日在_____登记结婚，婚后于____年__月__日生一子/女_____。现因夫妻感情完全破裂，双方自愿离婚，并达成本离婚协议：

第一条 离婚

双方自愿离婚。

第二条 子女抚养

2.1 抚养权

双方婚后____年__月__日生一子/女_____，现年___岁。离婚后儿子/女儿由___方抚养。

2.2 抚养费

___方每月给付抚养费_____元直至子女满___周岁（此处一般写十八周岁，但协议可以写到更多，如二十二周岁等）/子女能独立生活。

给付方式为：

（1）现金，于每月第一次探视子女时直接给到____方。

（2）银行转账，每月_号前将本月抚养费转入____方的如下账户：

开户行：_____，卡号：_____。

子女如有重大疾病、教育等大额开支的，男女双方对此额外费用各承担一半。

2.3 ____方应该配合____方迁移子女的户口，否则每逾期一天赔偿____元。

2.4 探望权

（1）____方可每周探望子女一次。如在周末可以自周六早上十点接走，周日晚上七点前送回。

（2）寒暑假、较长的节假日（如劳动节、国庆节等），子女可在____方处居住，具体时间由男女双方协商。

第三条 财产及债权债务

3.1 婚前个人财产归个人所有

（1）以下财产属于男方个人所有的财产，归男方个人所有。

_____

（2）以下财产属于女方个人所有的财产，归女方个人所有。

_____

3.2 夫妻共同财产、债权债务的分割

（1）存款

双方确认夫妻关系存续期间有共同存款____万元，男方持有____万元，女方持有____万元。双方同意，平均分割该存款，在双方办理离婚手续、领取离婚证完毕后，____（一）方当即给付____（另一）方____万元。

（特别提醒：如果写"双方各自名下存款归各自所有"，事后发现对方隐匿存款将很难追回。）

（2）房产

情况一：坐落于_____的房产（房产证号：_____），离婚后归____（一）方所有，未还贷款由____（一）方继续偿还，离婚后由____（一）方支付____（另一）方房屋折价款_____万元人民币，____年内付清。

（本条适用：房产证只有一方的名字，且该名字就是离婚分的房产的一方。）

情况二：坐落于_____的房产（房产证号：_____），产权登记在____（一）方名下，离婚后归____（另一）方所有，未还贷款由____（另一）方继续偿还。离婚后____（另一）方给付____（一）方房屋折价款_____万元人民币，____（另一）方还完贷款后，____（一）方应配合____（另一）方将所有权人变更至____（另一）方名下，相关费用由双方平均分担。

（本条适用：房产证只有一方的名字，且该名字不是离婚分的房产的一方，而是离婚时没有分得房产的一方，将来需要办理过户手续。）

情况三：坐落于_____的房产（房产证号：_____），由_____负责于_____年

____月____日前根据市场价格对外出售，_____有权利监督，售房所得价款由双方平分／按男方____%、女方____%的比例分配。

（本条适用：双方都不要房子，双方同意卖房分钱。）

情况四：坐落于_____的房产（房产证号：_____），赠与子女_____，_____（一）方应于_____年____月____日前将该房产过户至子女__名下。双方共同确认，该赠与为不可撤销，____（一）方不配合办理过户手续的，子女及法定代理人可起诉至法院并要求法院强制执行，离婚后____（另一）方可和子女共同居住于此，____（一）方自行解决住所。（本条适用：双方都不要房子，双方同意把房产赠与子女。）

情况五：坐落于_____的房产（房产证号：_____），双方约定，离婚后该房仍保持双方共有状态，办理离婚手续前／后，产权人应配合____方到房地产登记机关办理加名手续，将房屋所有权人变更为男女双方共同共有／按比例共有，比例为男方____%、女方____%。

（本条适用：离婚后双方共有房屋。）

情况六：坐落于_____的房产（购房合同编号：_____），离婚后至取得产权证之前，由____（一）方使用，取得产权证后，归____（一）方所有。双方特别约定：离婚后无论是否取得产权证，有关该房的一切权益归于____（一）方，____（一）方拥有完全的使用权，且____（另一)方不得使用,立即搬离该房屋。离婚后未还贷款由____(一)方继续偿还。离婚后____日内____(一)方给付____(另一)方房屋折价款____万元人民币。

(本条适用:房屋没有房产证。)

情况七:坐落于_____的房产(房产证号:_____),离婚后归____(一)方所有,目前该房屋登记在他人名下(姓名:____,身份证号:_____),离婚后由____(另一)方配合并要求_____将房产过户至_____(一)方名下/双方共同配合将上述房屋变卖,所得价款按照男方____%、女方____%分割。

(本条适用:房屋没有在男女双方名下。)

(3)车辆

情况一:双方婚后购买_____牌车辆一辆,车牌号____,车架号_____,车辆登记在_____(一)方名下,离婚后该车归_____(一)方所有,离婚后_____(一)方支付_____(另一)方车辆折价款____元人民币。

(本条适用:登记人一致的情况。)

情况二:双方婚后购买_____牌车辆一辆,车牌号_____,车架号_____,车辆登记在_____(一)方名下,离婚后该车归_____(另一)方所有,离婚后_____(另一)方支付_____(一)方车辆折价款_____元人民币,_____(一)方应于离婚后____日内配合将所有权人变更为_____(另一)方,相关费用由双方平均分担。

（本条适用：登记人不一致的情况。）

（4）股权

情况一：＿＿＿（一）方在＿＿＿＿＿＿＿＿＿＿公司的＿＿＿％股权，离婚后归＿＿＿（一）方所有，＿＿＿（一）方应于＿＿＿＿＿＿＿年＿＿＿月＿＿＿日之前给予＿＿＿（另一）方股权折价款＿＿＿元。

（本条适用：股权登记人一致的情况，不需要股权转让。）

情况二：＿＿＿（一）方在＿＿＿＿＿＿＿＿＿＿公司的＿＿＿％股权，离婚后＿＿＿（一）方将＿＿＿％的公司股权转让给＿＿＿（另一）方，＿＿＿（一）方配合＿＿＿（另一）方办理工商变更登记手续，如公司其他股东行使优先购买权，该＿＿＿％股权的转让款归＿＿＿（另一）方所有。

（本条适用：股权登记人不一致的情况，需要股权转让。）

（特别提醒：股权分割较为复杂，建议委托律师办理。）

（5）有价证券（股票、债券、基金、理财等）

＿＿＿＿＿＿＿（一）方名下有（股票、债券、基金、理财等）价值约＿＿＿＿＿＿＿元，离婚后归＿＿＿（一）方所有，＿＿＿（一）方应于＿＿＿＿＿＿＿年＿＿＿月＿＿＿日前给付＿＿＿（另一）方折价＿＿＿＿＿＿＿元。

（6）住房补贴、住房公积金

男方名下有住房补贴、住房公积金＿＿＿＿＿＿＿＿＿＿＿元，女方名下有住房补贴、住房公积金＿＿＿＿＿＿＿＿＿＿＿元。双方平均分割此财产，分割方式如下：＿＿＿＿＿＿＿＿＿＿＿＿＿＿。

（7）养老保险

情况一：双方确认，双方在婚姻关系存续期间交纳的养老保险归各自所有。

情况二：双方确认，男方名下个人缴纳社保有_____元，女方名下个人缴纳社保有_____元，双方平均分割此财产，分割方式如下：_____。

（8）知识产权

婚姻存续期间_____（一）方获得的____归_____（一）方所有，_____（一）方应于离婚后____日内支付_____（另一）方折价款_____元。

（9）军人一方的复员费、自主择业费（或破产安置补偿费）

_____（一）方的复员费、自主择业费（破产安置补偿费）共计_____元，其中_____元归男方所有，_____元归女方所有，_____（一）方应于离婚后____日内将_____元给付_____（另一）方。

（10）其他财产

_____

（11）共同债权

婚姻关系存续期间，对_____的共同债权_____万元，该债权离婚后归_____（一）方所有，_____（一）方于离婚后三日内给付_____（另一）方_____万元。

（12）共同债务

情况一：婚姻关系存续期间，双方还曾向_____借款_____万元，该债务由男女双方共同承担/各担一半，离婚

339

前三日内双方共同偿还结清上述欠款。

情况二：_____年___月___日向_____（一）方所借债务_____元，由_____（一）方偿还。

3.3 离婚经济补偿

在婚姻关系存续期间，因女方抚育子女、照料老人、协助（一）方工作等_____（另一）方付出较多义务，_____（一）方同意给予_____（另一）方经济补偿款_____元。

3.4 离婚经济帮助

（1）因_____（一）方离婚后生活困难，_____（另一）方同意离婚后三日内给予_____（一）方一次困难帮助金_____万元。

（2）因_____（一）方离婚后生活困难，_____（另一）方同意离婚后两年内，_____（一）方可以继续居住在_____（另一）方婚前购买的房屋（坐落：_____）内，但是两年到期后_____（一）方必须搬出。

3.5 离婚损害赔偿

鉴于_____（一）方存在出轨/家暴等过错，_____（一）方应另外一次性赔偿_____（另一）方_____元。上述_____（一）方应支付的款项，均应于_____年___月___日前支付完毕。

3.6 双方确认

双方确认，已经披露了双方所有的财产及债权债务。本协议书财产分割基于上列财产为基础,任何一方不得隐瞒、虚报、转移、挥霍婚内共同财产或婚前财产。如任何一方有隐瞒、虚报除上述所列财产以外的财产,或在签订本协议之前两年内有转移、抽逃财产的,另一方发现后有权取得对方所隐瞒、虚报、转移、挥霍的财产的全部份额,并追究其隐瞒、虚报、转移财产的法律责任,虚报、转移、隐瞒、挥霍方无权分割该财产。

3.7 违约责任

任何一方不按本协议约定期限履行支付款项义务的,每逾期一日,应按逾期金额的____‰向另一方支付违约金。

第四条 协议生效

本协议在双方签字后并经婚姻登记机关对双方的婚姻完成离婚登记之后生效。

第五条 其他

本协议一式叁份,每份具有相同法律效力;双方各持壹份,另外壹份由民政局婚姻登记机关留存。

男方(签字): 女方(签字):

年 月 日 年 月 日

3. 离婚起诉书

民事起诉状

原告：_____，_____年___月___日出生，民族：___族，工作单位：_____，住址_____，电话：_____。

被告：_____，_____年___月___日出生，民族：___族，工作单位：_____，住 址：_____，电 话：_____。

案由：离婚纠纷。

诉讼请求

1. 请求判令原告与被告离婚；
2. 请求法院依法判令原、被告之子/女_____由原告抚养，被告每月向原告支付抚养费人民币_____元，直至子/女年满18周岁；
3. 请求法院依法分割原、被告婚后共同财产（后附清单）；
4. 本案受理费、保全费等诉讼费用由被告承担。

事实和理由

原告与被告为自由恋爱，于_____年____月____日在民政局登记结婚，婚后生育一子/女，现年____岁，孩子现随原告生活。婚后由于双方性格不合，经常为家庭琐事争吵，夫妻感情已完全破裂，无法共同生活，为维护原告的合法权益，特起诉至人民法院，要求依法判如所请。

此致

_____人民法院

起诉人：

年　　月　　日

（特别提醒：到法院离婚，制作财产清单很有必要，下面是财产清单的模板。）

离婚财产清单

离婚财产清单应包括以下几项内容：

1. 房产情况；

2. 存款情况；

3. 股票、债券等有价证券情况；

4. 家具家电情况；

5. 金银珠宝等贵重物品情况；

6. 车辆情况；

7. 公司股权等企业投资权益拥有情况；

8. 著作权等知识产权拥有情况；

9. 接受赠与或继承财产的情况；

10. 以第三人名义持有，但由夫妻出资的财产情况；

11. 当事人双方婚前财产拥有情况；

12. 其他共同财产及个人财产拥有情况；

13. 双方有无婚前或婚内财产约定；

14. 双方有无共同债权债务或个人债权债务；

15. 其他财产。

4. 财产保全申请书

财产保全申请书

申请人：＿＿＿＿＿＿，＿＿＿＿年＿＿月＿＿日出生，住址：＿＿＿＿＿＿＿＿＿＿＿＿＿＿＿＿，电话：＿＿＿＿＿＿＿。

被申请人：＿＿＿＿＿＿，＿＿＿＿年＿＿月＿＿日出生，住址：＿＿＿＿＿＿＿＿＿＿＿＿＿＿＿＿，电话：＿＿＿＿＿＿＿。

申请事项

申请事项：请求对被申请人的＿＿＿＿＿＿＿＿＿＿进行财产保全。（特别提醒：写明保全财产的范围、财产的权属、名称、牌号、型号、数量、价值、现下落等）。

事实及理由

申请人与被申请人离婚纠纷一案，已向贵院提起诉讼。为了防止被申请人在诉讼期间转移财产，根据《民事诉讼法》的相关规定，特申请贵院对被申请人采取上述保全措施。被申请人的具体财产信息后附，如因采取保全措施不当造成被申请人财产损失的，由申请人承担责任。

此致

＿＿＿＿＿＿＿＿人民法院

　　　　　　　申请人（签名或盖章）：

　　　　　　　　　　年　　月　　日

知识点学习

1. 什么是财产保全？

财产保全也称为诉讼保全，是指人民法院对于可能因当事人一方行为或者其他原因，使判决不能执行或难以执行的案件，在对该案判决前，依法对诉讼标的物或与本案有关的财物采取的强制性措施。人民法院在决定采取诉讼保全措施前，可令申请人提供担保，拒绝提供担保的，驳回诉讼保全申请。对情况紧急的，人民法院可在48小时内作出裁定，并立即采取诉讼保全措施。当事人不服诉讼保全裁定的，可以申请复议。复议期间，不停止裁定的执行。

2. 财产保全有哪些种类？

财产保全分为诉讼前的财产保全和诉讼中的财产保全两种。

3. 财产保全有什么技巧？

①越早越好。查封晚了，就会在别人的后面，所谓的轮候查封，作用就会大打折扣，甚至没有作用；

②能在诉讼之前保全最好。虽然诉前财产保全很麻烦，但是，不能最后赢了官司输了钱，不能让判决书无法执行，所以必须越早越好；

③一些情况下，不要着急起诉，而是要努力查清对方财产，保全以后再起诉，有时盲目起诉反而会使得对方转移财产。

4.财产保全需要提供哪些材料？

①财产保全申请书；

②申请人身份证复印件；

③被申请人身份证明；

④申请保全的财产的所有权证明（财产线索）；

⑤担保函（保险）或可以作为保全担保的其他财产；

⑥法院要求的其他材料（具体应当与办案法官沟通）。

5. 借条

借 条

出借人：_____身份证号：_____

借款人：_____身份证号：_____

一、借款金额：人民币（大写）_____（￥____元）

二、借款用途：_____。

三、借款利息：借款月利率为____%。

四、还款时间：_____年___月___日前还款。

五、特别约定：如借款人未按时还本付息发生争议的，由出借人所在地人民法院管辖；因催收或诉讼产生的律师费、调查费、公证费、诉讼费、保全费、公告费等费用均由借款人承担；借款人提供的地址和联系方式同时作为有效司法送达方式。

六、其他约定：_____。

出借人：   借款人：

联系电话：   联系电话：

住址：   住址：

　　　　年　月　日   年　月　日

借款收款收据

今收到＿＿＿＿＿＿支付的借款，人民币（大写）：＿＿＿＿＿＿＿＿小写：＿＿＿＿＿元。

借款人（签字）：

时间：　　年　　月　　日

知识点学习

1. 借款建议使用转账方式支付给借款人本人的账户。

2. 想让借款人配偶也承担还款责任的，必须让借款人配偶签字。

3. 借款追偿应当注意诉讼时效，过了诉讼时效，钱可能就真的要不回来了。

4. 签署借条的过程可以全程录像取证。

5. 借条写得再好，也不能保证借款人按期还款，即便起诉胜诉，借款人没有财产的，出借人也拿不回借款本金。

6. 补签借条

补签借条

借款人姓名：

身份证号：

手机（可接收短信）：

微信号：

联系地址：

一、借款人曾经向_____（身份证号：_____），即出借人）借款人民币（大写）_____（￥_____元），下称"借款金额"。

二、出借人支付借款的方式：

以上借款合计人民币（大写）_____整（￥_____元），借款人确认：签署本借条时，借款人已经收到出借人支付的全部的借款资金。

三、借款利率为：月利率为____%。

四、还款期限：_____年____月____日前还款。

五、其他：

1. 如借款人未按时还本付息发生争议的，由出借人所在地人民法院管辖。

2. 因催收或诉讼产生的律师费、调查费、公证费、诉讼费、保全费、公告费等费用均由借款人承担。

3.前述借款人地址和联系方式同时作为有效司法送达方式。

借款人（签名）：

签署时间：　　　　年　　月　　日

知识点学习

1.补签借条适用于借款发生的时候没有写借条，但是借款人同意补签借条的情形。

2.补签借条第二条借款支付的方式一定要写清楚，可以按照下列方式：

（1）＿＿＿＿年＿＿月＿＿日，出借人通过微信转账向借款人支付借款人民币＿＿＿＿＿元；

（2）＿＿＿＿年＿＿月＿＿日，出借人通过支付宝转账向借款人支付借款人民币＿＿＿＿＿元；

（3）＿＿＿＿年＿＿月＿＿日，出借人通过银行卡转账向借款人支付借款人民币＿＿＿＿＿元；

（4）＿＿＿＿年＿＿月＿＿日，出借人通过现金方式向借款人支付借款人民币＿＿＿＿＿元。

3.如果借款人存在还款，可以将还款明细附在补签借条的后面。

7. 欠 条

欠 条

欠款人姓名：＿＿＿＿＿＿＿＿＿＿

身份证号：＿＿＿＿＿＿＿＿＿＿

联系电话：＿＿＿＿＿＿＿＿＿＿

欠款人地址：＿＿＿＿＿＿＿＿＿＿

本人确认：截至＿＿＿＿年＿＿月＿＿日，共欠＿＿＿＿＿＿（收款人姓名）人民币（大写）＿＿＿＿＿＿（¥＿＿＿＿＿＿元）（下称欠款）。

欠款原因：＿＿＿＿＿＿＿＿＿＿＿＿＿＿。

还款期限：＿＿＿＿年＿＿月＿＿日前还清。

逾期责任：未按上述期限还清的，每逾期一日，欠款人同意按逾期金额的＿＿％向收款方支付违约金。如欠款人未按时还款发生争议的，由收款方所在地人民法院管辖，因催收或诉讼产生的律师费、调查费、公证费、诉讼费、保全费、公告费等费用均由欠款人承担，欠款人填写的地址和联系方式同时作为有效司法送达方式。

欠款人（签字）：

签署时间： 年 月 日

知识点学习

1.欠条与借条主要的区别是借条形成的原因是特定的借款事实，而欠条形成的原因有很多，如买卖、劳务、承包等事实产生的欠款都可以形成欠条。假如别人欠你工资，你可以在欠条欠款原因后面写上"工资"二字，这样欠条就是一个工资欠条。

2.必须注意诉讼时效，从欠条出具之日开始计算，权利人应当在欠条出具之日起三年内向人民法院主张权利。

3.任何人都应当准备一个欠条模板，以备不时之需，如果欠款人不能当时给你钱，必须让他写一个欠条。在经济案件中，欠条是"证据之王"，比录音、录像、证人证言好用太多了。

8. 房屋租赁合同

房屋租赁合同

出租人（甲方）：_____身份证号：_____
_____电话：_____
承租人（乙方）：_____身份证号：_____
_____电话：_____

甲乙双方本着平等自愿、协商一致的原则达成以下协议，并承诺共同遵守。

一、租赁房屋

甲方将坐落于_____的房屋出租给乙方使用。房屋建筑面积为___平方米（具体以不动产权登记证书为准）。房屋交付时甲乙双方应对房屋状况及屋内物品进行录像核对，租赁结束后乙方对房屋及房屋内物品按照原状交还甲方。

二、租赁期限和用途

1. 租赁期限：____年，即_____年____月____日起_____年____月____日止，乙方应当在租期届满前两个月提出续租申请。

2. 该处房屋的用途为_____，实际居住人数为___人，乙方不得对外转租。

三、租金及支付方式

该房屋月租金人民币_____元整（小写：_____元），租金按＿＿＿支付。押金人民币＿＿＿＿＿元整（小写：＿＿＿元）。租赁期间因乙方使用该房屋而产生的物业、水、电、宽带、天然气等全部费用由乙方支付。

四、房屋安全管理

1. 在租赁期内，乙方负责房屋门、窗、水、电等附属设施的维修，乙方应合理使用其所承租的房屋及其屋内设施。在租赁期内，乙方负责该房屋的安全管理，因自身原因造成的盗窃、火灾等事故自行承担损失（特别注意：乙方的电动自行车不得在租赁房屋及楼道内充电）。

2. 乙方对租赁房屋进行装修装饰的必须征得甲方同意，在租赁期满时应当按照甲方要求恢复原状，否则甲方有权扣除押金并索要赔偿。

五、权利与义务

1. 甲方必须保证该房屋权属明晰，同时保证乙方租赁期间内对该房屋的使用权，若因产权纠纷或债务原因影响乙方对该房屋的使用，甲方负责向乙方赔偿因此造成的损失。

2. 乙方在同等条件下享有优先续租权，但不享有房屋的优先购买权。

3. 乙方不得在房屋内从事违法活动。在租赁期限内乙方是该房屋的实际管理人，乙方应自行承担相应的法律责任，如水、电、煤气使用不当造成的人身损害，滑倒摔伤造成的人身损害，高空抛物造成的人身损害，电动车违规充电造成的损失等。

4. 乙方不享有房屋的任何拆迁权利，房屋若遇拆迁甲方需要收回房屋的，乙方应当在三十天内搬离房屋。

六、违约责任

1. 在租赁期内，如甲方擅自终止合同，应向乙方赔偿__个月租金作为违约金。

2. 在租赁期内，乙方违法转租的或从事违法活动的，本协议立即终止，乙方应向甲方赔偿__个月租金作为违约金。房间内的物品，甲方有权进行打包清理，费用由乙方承担。

3. 乙方拖欠租金超过五天，甲方有权通知乙方立即解除合同，乙方应向甲方赔偿__个月租金作为违约金。房间内的物品，甲方有权进行打包清理，费用由乙方承担。

七、其他约定

_____

八、本合同经甲乙双方签字后生效，本合同一式贰份，甲、乙双方各执壹份，具有同等法律效力。

甲方：　　　　　　　　乙方：

　　年　月　日　　　　　　年　月　日

知识点学习

1. 房东在出租房屋时一定要有安全意识，不要只想着挣租金。出租房屋内的电器一定要选用符合国家安全标准的产品，特别是电热水器和燃气热水器。如果安装电热水器需要连接地线，应提醒租客注意用电安全；如果安装燃气热水器，必须预留排烟口，否则很容易发生触电事故和中毒事故。除此以外，高层住宅的落地窗一定要安装安全护栏，防止因为窗户不结实造成的坠楼。

2.有些房东认为，只要在租赁合同中约定所有责任都是租客的，租房期间发生的一切事情就都跟自己无关，其实这么想太绝对了，要根据具体的情况而定，如果事故是由房屋原因造成的，那房东就要负相应的责任。

3.房东出租的是跃层房屋的，如果屋子内的楼梯年久失修，在使用过程中坍塌，造成租客受伤，那房东的麻烦可就大了。所以房东应牢记一点，保障租赁房屋的设施安全是房东作为出租人的责任，在租赁期间内一旦租客在出租房内出事，房东还是要在责任范围内承担民事赔偿责任的。